Entre en… los misterios de la numerología

A pesar de haber puesto el máximo cuidado en la redacción de esta obra, el autor o el editor no pueden en modo alguno responsabilizarse por las informaciones (fórmulas, recetas, técnicas, etc.) vertidas en el texto. Se aconseja, en el caso de problemas específicos —a menudo únicos— de cada lector en particular, que se consulte con una persona cualificada para obtener las informaciones más completas, más exactas y lo más actualizadas posible. EDITORIAL DE VECCHI, S. A. U.

© Editorial De Vecchi, S. A. 2019
© [2019] Confidential Concepts International Ltd., Ireland
Subsidiary company of Confidential Concepts Inc, USA
ISBN: 978-1-64461-975-9

El Código Penal vigente dispone: «Será castigado con la pena de prisión de seis meses a dos años o de multa de seis a veinticuatro meses quien, con ánimo de lucro y en perjuicio de tercero, reproduzca, plagie, distribuya o comunique públicamente, en todo o en parte, una obra literaria, artística o científica, o su transformación, interpretación o ejecución artística fijada en cualquier tipo de soporte o comunicada a través de cualquier medio, sin la autorización de los titulares de los correspondientes derechos de propiedad intelectual o de sus cesionarios. La misma pena se impondrá a quien intencionadamente importe, exporte o almacene ejemplares de dichas obras o producciones o ejecuciones sin la referida autorización». (Artículo 270)

Brigitte Mesnard

Entre en...
los misterios
de la numerología

Guíe y controle mejor su destino gracias a las cifras

Índice

Introducción.	9
Los 9 caminos de vida	11
Los 9 años personales	18
Los ciclos mensuales del 1 al 9.	25
Los 3 grandes ciclos de vida	30
Las 4 realizaciones de la vida	41
El carácter	48
El arcano del nombre y de los apellidos	57
El número de las vocales del nombre y de los apellidos	69
El número de las consonantes del nombre y de los apellidos	74
El arcano de los apellidos.	80
El arcano del nombre.	84

Introducción

Dime tu nombre, tu apellido y tu fecha de nacimiento, y te diré quién eres y lo que puedes hacer en la vida.

La numerología moderna nació con la informática. Aunque los cálculos numerológicos son fáciles (sumas y restas), también son largos. En efecto, un estudio numerológico hecho a mano ocupa unas veinte páginas y representa varios días de trabajo. El programa informático constituye, pues, un apoyo de inestimable valor para los numerólogos. A pesar de que el especialista utiliza la máquina para reducir el tiempo de investigación, el margen de error y el precio de sus servicios, es imprescindible que conozca todos los meandros de los cálculos numerológicos y de sus interpretaciones para elaborar un estudio serio.

La numerología, cuyo pasado histórico se remonta a la Creación, tiene como padrino a Pitágoras. Este gran matemático, iniciado por los egipcios, llegó a la conclusión de que «los números son el principio, el origen de todo». «Los números —decía también— revelan y poseen el secreto del Universo. Son el lenguaje de Dios, así como la matriz de la forma y las ideas». Y, como es natural, esta ciencia se aplica a los seres humanos, obras maestras de la creación divina.

Cuando escribí mis primeros trabajos en 1985, apenas se hallaban en el mercado obras que tratasen de esta fabulosa ciencia. No obstante, su progreso resulta único en los anales de la historia. En muy poco tiempo sedujo a las multitudes y a las empresas por sus diversas aplicaciones. Desde el punto de vista caracterológico, la numerología se emplea como herramienta de crecimiento personal, de orientación escolar y profesional, de contratación, de comunicación, de cálculo del barómetro social de la empresa, etc.

En este momento se habla mucho de los ritmos solares, del reloj biológico y de la cronobiología, pero lo cierto es que la numerología es la ciencia del ritmo y de los ciclos que nos dirigen. En último lugar, se considera una ciencia paralela, ya que permite hacer predicciones al mismo nivel que la astrología, la cartomancia... No olvide que, como todo es número, estas ciencias trabajan de forma inconsciente sobre el ritmo, pues este es la vida.

Esta modesta obra no pretende desvelarle toda la riqueza de los números, sino solamente iniciarle de forma sencilla en las técnicas numerológicas elementales.

Los 9 caminos de vida

La numerología moderna tiene en cuenta 9 tipos principales de caminos de vida. Para calcular el suyo, sume todos los componentes numéricos de su fecha de nacimiento y reduzca el resultado a un número comprendido entre 1 y 9.

• *Ejemplo*

04/07/1953
Año de nacimiento 1953
Día de nacimiento + 4
Mes de nacimiento + 7
Total 1964 = 20 = 2 + 0 = 2

Todo camino de vida conlleva periodos positivos y negativos. Veamos a continuación una explicación de los distintos números de caminos de vida.

Camino de vida 1

Todo su destino está trazado bajo la influencia del número 1. Símbolo del principio creativo en toda realización, le proporciona la infinita posibilidad de expresar todas sus capacidades psíquicas e intelectuales a lo largo de su ruta. Le aporta todos los datos esenciales que pueden llevarle al éxito social, profesional y sentimental. No obstante, debe tener cuidado para no dispersarse en su acción o mostrar un exceso de vacilación en sus decisiones, ya que el tiempo pasa y la suerte también.

Con los pies en el suelo, un enfoque inteligente de la vida y mucha soltura y discernimiento en su acción cotidiana, se encuentra protegido contra los actos peligrosos y tiene la posibilidad de subir uno a uno todos los escalones a los que desee llegar.

Su número le arrastra hacia una perpetua elevación, tanto de orden moral como social. Su número le permite superar los obstáculos durante una vida bien empleada.

En una época en que las certezas morales se ponen en duda y los valores económicos y técnicos están destinados a sufrir grandes cambios, sabrá escoger su camino.

Camino de vida 2

Todo su destino está trazado bajo la influencia del número 2, símbolo del principio superior de la naturaleza, con el misterio de sus riquezas, que usted tiene que desvelar e interpretar.

Este número presagia una existencia edificada sobre una serie de contradicciones que siempre tendrá que combatir. De ahí la necesidad de aprender, comprender e ir siempre más allá.

Tenga en cuenta que debe satisfacer esa necesidad, pues es la clave de la seguridad. No obstante, le resultará bastante fácil, porque el número 2 le dota de una gran fuerza moral sobre los acontecimientos y le da la seguridad de triunfar sobre el mal, la ignorancia y la mediocridad.

Sin embargo, confíe sólo en su razonamiento, ya que sus intenciones son muy aproximativas y, sin él, experimentaría cierta torpeza a la hora de hacer realidad sus proyectos.

Se arriesga a encontrarse involucrado, a pesar suyo y sin que su honradez sea puesta en duda, en un asunto de cariz un tanto dudoso, pero le serán reveladas cosas hasta entonces ocultas y podrá confiar en la recuperación de la situación, sobre todo si confía en su fuerza de carácter.

En cuestiones sentimentales, este número promete pocas pasiones, pero un profundo afecto. Para una mujer, significa la seguridad de poner de relieve y hacer que se aprecie con justicia la esencia de su encanto y riqueza interior.

Camino de vida 3

Todo su destino está trazado bajo la influencia del número 3, símbolo del poder fecundo de la naturaleza puesto a disposición del hombre para sus creaciones.

Este número le atribuye un gran poder sobre los acontecimientos y una fuerza de carácter tranquila pero eficaz; estas dos cualidades le permitirán lograr los objetivos que se haya propuesto. Por ello, es para usted el número del equilibrio y la esperanza. Confíe en sus esfuerzos constantes para tener éxito en lo que haya emprendido, en sus cualidades de síntesis y en su sentido del contacto; sólo pueden conducirle a lograr sus metas y aportarle el desahogo material, e incluso la riqueza. Cuando la diplomacia sea necesaria, usted alcanzará el éxito...

Su necesidad de acción le obligará a viajar; ¡conviértase en la prudencia personificada y protéjase de un accidente que podría retrasar la llegada de un acontecimiento que le importa mucho!

Si no ha ocurrido ya, sabrá amar y será amado a cambio. Debería conocer un amor profundo y limpio, sencillo y fecundo.

Por último, no podrá sino satisfacer el espíritu de familia que cultiva con toda su alma.

Camino de vida 4

Todo su destino está trazado bajo la influencia del número 4, símbolo del poder activo de la naturaleza y, por consiguiente, de sus cambios y transformaciones. Desde el punto de vista utilitario, es un número que transmite aportaciones prácticas y consejos útiles. Así, a pulso, hará realidad todos sus proyectos, consiguiéndolos etapa a etapa, cada una de las cuales debe aportarle experiencia y sentido común. Para conseguir sus fines, confíe en su energía.

Disfrutará de apoyos y protecciones que no siempre habrá solicitado.

No obstante, evite conformarse con un poder ilusorio sobre unos bienes pasajeros. Su voluntad de acceder al poder puede contrariar e incluso oponerse a su vida sentimental. Por ello, no utilice su inteligencia ni su capacidad de reflexión y de acción con el único fin de ejercer su dominio sobre el mundo material.

Apóyese en la sabiduría para poder aprovechar los aspectos positivos de su número.

En ese caso, evolucionará de acuerdo consigo mismo, en paz con su conciencia y en armonía con su entorno.

Conocerá la unión de sentimientos con la persona que comparta su vida y una gran estabilidad en la pareja.

Para los hombres este número es el símbolo de la paternidad. También informa de una salud equilibrada, pese a algunas tendencias pletóricas.

No obstante, tome algunas precauciones durante la próxima epidemia de gripe y tenga muy en cuenta que equilibrio no rima en modo alguno con imprudencia.

Camino de vida 5

Todo su destino está trazado bajo la influencia del número 5, símbolo del poder del hombre sobre la materia. Reviste el conjunto de su vida con las formas activas de la inteligencia y sólo ofrece soluciones lógicas a los problemas que puedan surgir. Es el número por excelencia de las vocaciones religiosas, pero también científicas, el número de quienes no se conforman con saber de qué modo suceden las cosas, sino que se preguntan sobre la razón, es decir, que tratan de conocer la causa de los acontecimientos, así como su finalidad.

Número afortunado, debería permitirle ver la vida por el lado bueno y alcanzar el éxito en sus empresas, éxito que se anuncia no sólo en la vida profesional, sino también en el terreno sentimental, donde debería conocer, si no ha ocurrido ya, un afecto sólido que responda a la fuerza de sus sentimientos.

La seguridad de su situación material debería tener como corolario una buena salud.

No ceda a sus instintos y evite el exceso de orgullo, pues son los únicos escollos situados en su camino. Se arriesgaría a perder sus bienes y a sufrir un enojoso retraso de sus proyectos.

Camino de vida 6

Todo su destino está trazado bajo la influencia del número 6, símbolo del amor como eje de la evolución de los seres y de la creación de las cosas. El amor debería guiar sus decisiones y, al superarse, permitirle unos logros sacados de lo más profundo de sí mismo; por ejemplo, un artista hallará ahí su inspiración.

Este número le orienta hacia la abnegación y el sacrificio; destacará en la defensa de una causa que le importa mucho.

En el terreno sentimental, su número le lleva a elegir entre una relación que le proporcione comodidad material, pero bajo el dominio de una fuerte sexualidad que prevalece sobre los sentimientos superficiales, y otra que debería hacerle conocer el amor verdadero nacido del corazón y aportarle el equilibrio sexual. De dicha elección depende la mayor parte de su destino. Por ello, a usted le corresponde hacer que su inteligencia domine sus pasiones y guíe su elección. De lo contrario, se producirán en su vida algunos desórdenes que acabarán en ruptura o divorcio.

El 6 es un número fuerte, afirmativo.

Camino de vida 7

Todo su destino está trazado bajo la influencia del número 7, símbolo del camino del hombre hacia el conocimiento de sí mismo y de las cosas mediante el uso de sus poderes y el dominio de las pasiones.

Desarrollará una actividad incesante que debería llevarle a la materialización de los proyectos. Para ello, rodéese de consejeros sensatos que completen su fuerza de acción.

Si tiene la posibilidad de crear su propia empresa, no dude en hacerlo, pero cuente con alguien que sepa inspirarle a la hora de dar forma al proyecto o le aporte la asistencia administrativa y organizadora necesaria.

Manejará mucho dinero. Muéstrese indiferente ante las ganancias y las pérdidas, pues su destino le llama a desarrollar una gran actividad, lo cual puede hacer que los problemas de administración le parezcan secundarios y que confunda la gestión con la tesorería.

En esta fase, una noticia imprevista puede mejorar su situación económica, tal vez sea gracias a los juegos de azar o, más probablemente, al resultado de su actividad. Esta actividad halla su fuerza no sólo en su espíritu emprendedor, sino también en su buena salud y en la profunda fuerza de su temperamento.

La necesidad de estar siempre en movimiento, de empezar siempre algo, marca su destino. No obstante, procure que ese ansia de novedad no le arrastre a correr siempre hacia nuevas conquistas sentimentales y no le haga descuidar al amor que sonríe a su lado, a veces sin que ni siquiera se dé cuenta.

Camino de vida 8

Todo su destino está trazado bajo la influencia del número 8, símbolo del equilibrio del ser humano que aprecia el valor de sus actos y sus consecuencias positivas o negativas. Debería encontrar el buen camino en su vida apreciando con claridad sus posibilidades de evolucionar de forma favorable, tanto desde el punto de vista material como mental, y sabiendo utilizar con lucidez sus conocimientos y experiencia.

Puede tener problemas tanto en el terreno profesional como en el afectivo, pero siempre sabrá juzgar bien su alcance y adoptar la solución que más le convenga. Pueden producirse una ruptura de contrato o un divorcio —que no le deseamos—; no obstante, aunque para otros sería un drama, en su caso serán fruto de una reflexión madura, actos normales en su vida que llevará a cabo con rigor pero de acuerdo con su conciencia profunda.

La inteligencia marca su destino y, aunque pueda sentirse encadenado por una existencia demasiado equilibrada, una gran parte de humanidad y sabiduría guiará el desarrollo de la misma.

En su destino el número 8 es un elemento fuerte, basado en la justicia y la honradez. Sean cuales sean los momentos difíciles que tenga que soportar, confíe en usted mismo para alcanzar el equilibrio. Cueste lo que cueste, siempre recibirá satisfacción, y acontecimientos o cosas que hasta entonces estaban ocultos saldrán a la luz de una forma u otra. Ganará en certeza y en la realización de sus aspiraciones.

Camino de vida 9

Todo su destino está trazado bajo la influencia del número 9, símbolo del hombre en busca de la verdad, con calma y paciencia, y con el apoyo de su lógica y prudencia. Su entorno busca el contacto con usted, ya que posee la verdad de la sabiduría, y su destino lo convierte en un guía al servicio de quienes se han extraviado.

Si su personalidad concuerda con su itinerario entonces tendrá éxito, ya que con prudencia, pero sin temor, sabrá construir y realizar sus proyectos. Será capaz de controlar su temperamento y tendrá un buen conocimiento tanto psíquico como físico de usted mismo. No obstante, si su personalidad no concuerda con la imagen del guía generoso que, de forma paciente e incansable, trata de iluminar su camino y el de sus semejantes, volviéndose hacia la meditación, ¡tenga cuidado! Se arriesga a dificultar aún más la resolución de los problemas y a tener una concepción falsa de las situaciones con las que se enfrente.

Pero hombre prevenido vale por dos; por lo tanto, confíe en usted mismo. Sea cual sea su personalidad, recuerde que hay muchos hombres pequeños llenos de una astucia y una sensatez desconocidas para muchos grandes. Sin tener una talla de gigante y pese a su inseguridad, su destino le llama a ser sabio y sensato.

Los 9 años personales

El año personal, sea cual sea su año de nacimiento, comienza el 1 de enero y termina el 31 de diciembre.

El principio de cálculo utilizado en numerología es la suma teosófica, es decir, la suma entre sí de los componentes numéricos hasta la obtención de un número reducido situado entre 1 y 9. No obstante, para no dejar escapar los números clave 11 y 22, conviene practicar el cálculo siguiente para la búsqueda del año personal (AP):

$$AP = \text{año universal} + \text{día} + \text{mes de nacimiento}$$

La mejor forma de plantear la suma es:

- *Ejemplo*

04/07/1953
Año universal   2008
Día de nacimiento   +   4
Mes de nacimiento +   7
Total   2019 = 2 + 0 + 1 + 9 = 12 = 3

Año personal 1

El año personal 1 es muy importante, ya que significa inicio, arranque, comienzo, renovación. Es el año ideal, pues la vibración del número 1 aporta su fuerza intrínseca e invisible a las personas que se hallan bajo su influencia, a la hora de crear una empresa, recibir nuevas responsabilidades, tomar el control de un nuevo departamento o confiar en un ascenso. Es el año de los grandes proyectos, la ocasión de volver a empezar con bases renovadas un nuevo ciclo de nueve años y de aprovechar la experiencia adquirida durante los nueve últimos. Es la oportunidad que se le da a la personalidad de progresar en cualquier ámbito (profesional, afectivo, físico), con toda la libertad de atravesar los ciclos que cruzan este año en positivo o en negativo.

Durante un año personal 1, es necesario dar pruebas de voluntad y espíritu positivo. La audacia, por supuesto razonable, se verá recompensada. No habrá que vacilar en lanzarse, atreverse y perseverar. Algunos cambiarán de vivienda, otros realizarán un gran viaje (para situar con exactitud el acontecimiento, hay que tener en cuenta los ciclos y las esencias vibratorias que pasan); en cualquier caso, cabe esperar muchos cambios en este año personal 1.

Algunos empresarios podrán concretar todos los proyectos latentes e incluso ampliar la estructura existente mediante la aportación de nuevos mercados o la creación de sucursales. Las empresas también poseen un destino que les es propio, generado por la fecha oficial de fundación, que equivale a la de nacimiento, y la personalidad, interpretada a partir de la razón social.

Año personal 2

El año personal 2, o bien el espacio-tiempo del duodécimo al vigésimo cuarto mes del ciclo numerológico de nueve años (108 meses), representa la asociación, las alianzas, los beneficios y los buenos sentimientos. Pero, como todo en el universo, el número 2 posee propiedades binarias y simboliza en sus aspectos negativos la dualidad en las elecciones, el divorcio, el desempleo, las emociones desagradables, los conflictos, la guerra y la ruina.

Es un buen año para trabajar en grupo, intercambiar ideas, formar equipos, contratar a nuevos colaboradores y confiar en disfrutar de los beneficios económicos de los proyectos iniciados en el año personal 1.

Se trata de un año fecundo, un periodo de gestación de nuevas ideas. Puede ser la conclusión de una asociación. En el año personal 2 puede celebrarse un matrimonio, pero también puede tener lugar un divorcio o conflictos en la pareja. Todo depende de los ciclos evolutivos o involutivos que cruzan el año personal bajo las grandes vibraciones universales.

En el transcurso de un año personal 2, cabe esperar recibir la ayuda de los amigos. No es conveniente querer destacar; se aconseja la retirada a tiempo.

Si su año personal 2 procede del número clave 11, se le concede un plus de inspiración e intuición, aunque con cierto nerviosismo, que debe combatir; en este caso, el aspecto espiritual se ve puesto de relieve, a veces en detrimento del material.

Si su año personal procede del número oculto 20, las uniones y asociaciones resultan positivas.

Año personal 3

El año personal 3, o bien el espacio-tiempo del vigésimo cuarto al trigésimo sexto mes del ciclo numerológico de nueve años, representa un periodo rico en contactos, en relaciones socioprofesionales. Se favorecerán nuevos encuentros, ya sean sentimentales, ya sean amistosos.

Durante este año el individuo se vuelve hacia los demás, busca las salidas, las actividades exteriores, busca la creatividad, tanto en el ámbito artístico como simplemente desde el punto de vista del nacimiento de nuevas ideas. Para la pareja, el año personal 3 es sinónimo de procreación. En cuanto a la empresa, representa los frutos de las acciones de los dos primeros años personales. Se trata de un año excelente para iniciar una aventura sentimental. Es el periodo ideal para aprender a expresarse. Si está madurando un proyecto de creación de empresa, las vibraciones del año personal 3 le ayudarán y favorecerán su nueva actividad siempre que los ciclos personales que atraviesa se presten a ello.

En conclusión, el año personal 3 es más bien agradable, y los acontecimientos tenderán a canalizarse sobre el entorno y los niños. No obstante, ciertas vibraciones conllevan riesgos de separación en el ámbito sentimental.

Procedente del número oculto 21, su año personal reforzará las propiedades creativas bajo buenos auspicios de éxito. Si procede del número

12, ejerce una influencia negativa y provoca riesgos de sufrir pérdidas y vivir separaciones.

Año personal 4

El año personal 4, o el espacio-tiempo del trigésimo sexto al cuadragésimo octavo mes del ciclo numerológico de nueve años, es clave para los ámbitos profesional y familiar. Algo de esfuerzo y un control asiduo de todos los detalles en estos dos ámbitos le evitarán sufrir las restricciones y limitaciones que conlleva este número. Hay en este año personal una noción de justo equilibrio que debe respetarse a todos los niveles, sin excederse ni quedarse corto.

Si el año se vive de forma positiva y los ciclos personales que lo cruzan se prestan a ello, representará para usted la posibilidad de progresar en su carrera y para los desempleados, la ocasión de encontrar trabajo. Es el año ideal para establecer unas bases sólidas tanto en el plano profesional como en el familiar.

Para aquellos que, por desgracia, vivan de forma negativa este año personal 4, existen riesgos de sufrir fatiga y de interrumpir su actividad laboral por enfermedad o por ser despedidos. Desde el punto de vista sentimental, también puede significar el fin de la pareja si los años anteriores se han vivido bajo tensión y con conflictos permanentes.

Si su año personal 4 procede del número clave 22, las actividades tenderán a beneficiar a un grupo amplio de personas, e incluso a toda la humanidad; en este caso, los objetivos nobles se ven favorecidos y las acciones con fines personales están destinadas al fracaso, con dolorosas repercusiones en el plano moral y cerebral del individuo. Si el año personal procede del número oculto 13, experimentará un cambio en su forma de vida.

Año personal 5

El año personal 5, o el espacio-tiempo del cuadragésimo octavo al sexagésimo mes del ciclo numerológico de nueve años, es clave para los cambios de todo tipo. Para quienes han atravesado en negativo los cuatro primeros años personales ha llegado el momento de redimirse, de emprender las modificaciones a las que aspiran o de aceptar las que se les proponen. Pero, atención, se detecta en este año personal 5 cierta ausencia de estabilidad en lo que a proyectos se refiere. Los acontecimientos tenderían a no poder mantenerse, por lo que se trata de sopesar bien los pros y los contras antes de romper con el pasado.

Se trata de un periodo en el que la independencia y la noción de libertad vuelven a ocupar el primer lugar, y habrá que saber controlar cierta anarquía sexual y una búsqueda inmoderada de aventuras sensuales sin futuro que sólo le darían problemas en el transcurso de sus años personales siguientes. Las relaciones esporádicas se ven favorecidas para los solteros.

Durante un año 5, cabe esperar numerosos desplazamientos o viajes. Las vibraciones son buenas para las mudanzas. Los proyectos iniciados en año personal 5 desembocarán en acciones concretas, aunque el plan inicial se vea alterado.

En el amor conviene mantenerse alerta, pues, si los ciclos personales que cruzan su año se prestan a ello, las vibraciones favorecen las traiciones. Si procede del 14, su año personal le pone en guardia en particular contra las relaciones extraconyugales.

Año personal 6

El año personal 6, o el espacio-tiempo del sexagésimo al septuagésimo segundo mes del ciclo numerológico de nueve años, es el año afectivo por excelencia. Puede producirse una boda o un divorcio.

En cuanto a las uniones ya contraídas, conviene rodear a la pareja de atenciones, pues aumentan la búsqueda y la necesidad de afecto.

Es el año de adquirir responsabilidades y tomar decisiones. Las vibraciones son excelentes para las transacciones financieras e inmobiliarias. Resulta una buena época para las inversiones, las compras y las mejoras presupuestarias. También se trata de un periodo favorable para el cobro de deudas; si es usted mismo quien las tiene y si sus ciclos personales se prestan a ello, podrá reembolsar a sus acreedores.

Por norma general, el año personal 6 es sinónimo de armonía y conciliación, y no resulta demasiado aconsejable meterse en los asuntos ajenos.

Año personal 7

El año personal 7, o el espacio-tiempo del septuagésimo segundo al octogésimo cuarto mes del ciclo numerológico de nueve años, es el año de los grandes replanteamientos, de las reflexiones solitarias. Se trata de un periodo favorable para la meditación, la introspección y el desarrollo o la toma de conciencia de cierta verdad espiritual; en este año algunas personas recuperarán la fe y otras, en cambio, la perderán.

Las vibraciones favorecen los escritos, los estudios, los viajes y las largas vacaciones, voluntarias o impuestas, salvo si un ciclo mensual 4 o 1 bien «aspectado» atraviesa el año personal, lo que ofrecerá la posibilidad de concretar el plano profesional.

A menudo, resulta un año de tensiones, soledad o sensación de aislamiento, que conlleva numerosos retrasos.

El ámbito material no se ve demasiado favorecido, y no es un buen momento para crear una empresa o un negocio.

Todo lo relacionado con la espiritualidad se verá coronado por el éxito. Hay que aprovechar este año para descubrir la finalidad de la vida.

Para quienes atraviesan de forma negativa este año, cabe esperar penas y pérdidas afectivas. A menudo, en el año personal 7 se produce el fallecimiento de seres queridos.

Si sus ciclos anuales y las demás búsquedas de acontecimientos lo confirman, puede producirse el nacimiento de un hijo, así como una posibilidad de boda, en los aspectos positivos, pero también una separación o una gran tensión en las parejas, bajo el aspecto negativo.

Año personal 8

El año personal 8, o el espacio-tiempo del octogésimo cuarto al nonagésimo sexto mes del ciclo numerológico de nueve años, es el de la materialidad, las propuestas de todo tipo, las negociaciones y los contratos. Este año anuncia éxito, por supuesto si el periodo se vive de forma positiva. Las propuestas y los contratos también pueden afectar a los ámbitos profesional, económico o sentimental. Es el año de los matrimonios de conveniencia o de interés.

Este periodo conlleva riesgos en el plano físico. Si un ciclo personal de enfermedad lo cruza, tendrá que someterse a pruebas médicas serias, e incluso a una intervención quirúrgica.

Para completar esta interpretación en el ámbito negativo, este periodo puede significar: dependencia de las administraciones (el desempleo, por ejemplo), gestiones continuas y difíciles, acciones legales, litigios, quiebra.

Año personal 9

El año personal 9, o el espacio-tiempo del nonagésimo sexto al centésimo octavo mes, cierra el ciclo numerológico de nueve años.

Es el año de los desenlaces, en positivo o en negativo, según la forma en que se haya atravesado los años personales.

Es el momento de mirar con circunspección los ocho últimos años y de hacer balance, con vistas a volver a iniciar del mejor modo posible un nuevo ciclo de nueve años. Abandone todo lo que sea necesario; ponga fin a lo que debe cesar; depure, limpie, aligere.

Este año se producirá, o bien la coronación de sus esfuerzos, el gran éxito, o bien la más dolorosa de las pérdidas, el mayor sacrificio. Durante un año personal 9 hay que hacer proyectos, pero no iniciarlos, a menos que se atraviese un ciclo propicio. También conviene despertar el lado más humanitario y solidario, y ser caritativos con los más desfavorecidos.

Como el año personal 7, es un periodo favorable para los estudios, la enseñanza y el conocimiento. Posee también vibraciones de largo viaje.

El año personal 9 podrá generar problemas afectivos si lo cruza un ciclo mensual 2 o 6. Cuidado con los riesgos de ruptura en el ámbito laboral o de sufrir una enfermedad si lo cruza un ciclo mensual 4 u 8.

Los ciclos mensuales del 1 al 9

Los ciclos mensuales actúan en el interior de las vibraciones del año personal y, en general, son tres, de cuatro meses de duración. El primer ciclo está activo a partir del día y el mes del cumpleaños, y se mantiene durante unos 120 días. Es igual al año de nacimiento reducido de 1 a 9. Por lo tanto, su valor es el mismo cada año. Todos los años regresa en la misma época para influir con sus vibraciones en el año personal. Por lo tanto, es imprescindible conocer su interpretación. Curiosamente, este ciclo determina la elección de la profesión. Los ciclos segundo y tercero están en perpetuo movimiento durante toda la vida. Su progresión es lógica, su valor varía de 1 a 9 y su duración es de cuatro meses.

El cálculo de los ciclos mensuales

Primer ciclo mensual. Empieza el día del cumpleaños y tiene una duración de cuatro meses, o unos 120 días. Su valor es constante e igual al año de nacimiento reducido de 1 a 9.

Segundo ciclo mensual. A partir del día de nacimiento, dura también cuatro meses, o unos 120 días. Su valor es igual al año universal disminuido en el número de camino de destino reducido.

Tercer ciclo mensual. De nuevo a partir del día de nacimiento tiene una duración de cuatro meses, o unos 120 días. Su valor es igual a la suma de los dos primeros ciclos mensuales reducida de 1 a 9.

• *Ejemplo*

04/07/1953: búsqueda de los ciclos mensuales para el año 2008.

Primer ciclo: $1953 = 10 + 8 = 18 = 9$

Este ciclo entra en vigor este año 2008 a partir del 4 de julio y finaliza el 4 de noviembre.

Segundo ciclo:

```
  1953
+    4
+    7
─────
  1964
```
= 20 = 2 (camino de destino)

$2008 - 2 = 2006 = 2 + 0 + 0 + 6 = 8$

El segundo ciclo del 2008, igual a 8, se halla en actividad del 4 de noviembre de 2008 al 4 de marzo de 2009.

Tercer ciclo 2008/2009:

Primer ciclo mensual   9
Segundo ciclo mensual   +   8
                         ─────
Tercer ciclo mensual   17 = 8

El tercer ciclo 2008/2009 se halla en actividad del 4 de marzo de 2009 al 4 de julio de 2009.

N. B. El ciclo 0 no existe. Si obtiene un 0, sustitúyalo por un 9.

Ciclo mensual 1

Es la ocasión de iniciar o sumarse a proyectos cuya naturaleza esté determinada por el número del año personal.

Las vibraciones modifican la forma de vida.

Si procede del 10, indicará un renacimiento moral o material.

Ciclo mensual 2

Es un ciclo de asociación, unión y colaboración. Se ven favorecidas las relaciones con las mujeres.

El éxito en el plano profesional dependerá del trabajo de equipo y la obediencia.

El 2 en sentido positivo es sinónimo de fecundidad; puede ser el anuncio de un futuro nacimiento.

Si procede del 11, entonces indicará tensiones en todos estos ámbitos mencionados.

Ciclo mensual 3

Es un ciclo agradable, lleno de distracciones, salidas y encuentros. Se ven favorecidas las relaciones con el entorno y posiblemente se produzcan nuevos encuentros sentimentales. Este ciclo corresponde al fruto de la empresa o del matrimonio.

En sus aspectos negativos, puede significar separación, sobre todo si procede del 12; si lo hace del 21, aportará una importante dosis de creatividad en el ámbito profesional, familiar y artístico.

Ciclo mensual 4

Es un ciclo que esperan con impaciencia las personas que buscan empleo, ya que aporta la posibilidad de encontrar trabajo. Pero, como todo número que actúa en dualidad, en sus aspectos negativos puede significar ruptura laboral. Tranquilícese enseguida si esa ruptura sólo indica su periodo de vacaciones, ya que en ese caso atravesará vibraciones de recuperación de actividad en el mes siguiente.

Durante este ciclo hay que prestar mucha atención al riesgo de estrés y enfermedad, sobre todo si el año personal predispone a las molestias físicas.

Para aquellos cuyo problema esencial sea de carácter familiar, atención al riesgo de protagonizar una ruptura definitiva (si procede del 13). Este ciclo conlleva ciertas limitaciones y exige cuidar los detalles y mostrar mesura en todos los ámbitos.

Un nerviosismo excesivo atraería los accidentes.

En conclusión, para los más positivos, se avecinan cuatro meses de intensa labor.

Ciclo mensual 5

Se trata de un ciclo de movimiento, de cambios. Habrá que sujetar bien las riendas y no dejarse arrastrar por un torbellino de acontecimientos que sólo aportarían sinsabores.

Cabe prever muchos desplazamientos y hay nuevas posibilidades de mejorar las condiciones de vida.

Cuidado con abusar de la libertad personal y, en algunos casos, con iniciar aventuras sentimentales desenfrenadas (si procede del 14).

Puede producirse una mudanza en el ciclo 5 si sus vibraciones están bien «aspectadas».

En el ámbito profesional, este ciclo indica cierta inestabilidad, ya sea porque la persona se desplaza mucho, ya sea porque los contratos son temporales.

Ciclo mensual 6

Excelentes vibraciones en el ámbito afectivo, salvo que atraviese un año vibratorio personal muy negativo en el plano de la pareja. El ciclo 6 indica tanto amor y boda como divorcio.

Se trata de un periodo de obligaciones en que el sentido de la responsabilidad podrá desarrollarse de forma plena. Es favorable en el plano económico.

Si procede del número 15, a menudo propicia relaciones extraconyugales o bien prácticas poco recomendables.

Si se halla yuxtapuesto a un ciclo mensual 3, los encuentros sentimentales se hallan bajo buenos augurios.

Ciclo mensual 7

Algunos retrasos y tensiones. Sentimiento de soledad. Es un buen periodo para los estudios, la enseñanza, la formación profesional y todo lo que requiere calma y reflexión, incluida la introspección. En ciertos aspectos, puede indicar el nacimiento de un niño, o bien de nuevas tendencias e ideas.

El ciclo 7 incita a la evolución, pero después de una reflexión madura.

Es sinónimo de descanso físico en beneficio de la actividad intelectual y espiritual.

Ciclo mensual 8

Propuestas, firma de contratos en ayuntamientos o notarías. El aspecto material se ve muy favorecido, a menos que se quede en paro y tenga problemas económicos por un ciclo negativo.

Cuidado con correr riesgos físicos y, en particular, con una posible hospitalización si su año personal se presta a ello.

En ciertos aspectos, puede significar propuesta de trabajo o paso ante un tribunal. En el ámbito profesional, es la ocasión de recibir nuevas ofertas, muy atractivas.

Ciclo mensual 9

Desenlace de las situaciones en positivo o en negativo. Favorece el éxito, las creaciones literarias y los viajes.

Llama a ayudar a los demás, ya que el egoísmo tendría repercusiones poco afortunadas en los ciclos siguientes.

Los 3 grandes ciclos de vida

El número de destino se descompone en tres grandes ciclos cuyo valor numérico influye en el gran camino de vida e indica la forma en que se atravesará cada periodo cíclico. Estos tres ciclos son los siguientes:

— primer ciclo o ciclo formativo, que actúa del nacimiento a la madurez, es decir, durante unos 27 años. Permite el desarrollo del ser desde el punto de vista físico, psíquico e intelectual;
— segundo ciclo o ciclo productivo, que actúa desde el final del primero hasta el principio del tercero y que equivale a la madurez del ser y a sus acciones durante un periodo de otros 27 años aproximadamente;
— tercer ciclo o ciclo de la cosecha, que actúa desde el final del segundo hasta el fallecimiento, es decir, durante todo el periodo de jubilación.

Cada individuo entra en su segundo y su tercer ciclos en unas fechas muy concretas, que se hallan condicionadas por la de nacimiento.

Las modalidades de cálculo de los ciclos y su duración

1. El *ciclo formativo* entra en actividad el día exacto de la fecha de nacimiento de cada persona. Su vibración, y, por lo tanto, la influencia que conlleva, es la del mes de nacimiento. Este número se ha de reducir a una cifra.
2. El *ciclo productivo* entra en actividad el 1 de enero del año personal 1 más próximo al vigésimo séptimo aniversario, es decir, después de tres ci-

clos completos, a los 27 años. Su vibración es la del día de nacimiento reducida a una cifra.
3. El *ciclo de cosecha* está activo 27 años tras el final del segundo ciclo más ocho meses en el año personal 1. Su vibración es la del año de nacimiento reducida a una cifra.

En todo análisis de un tema numerológico que se esté tratando, conviene observar la naturaleza creciente o decreciente de los ciclos. Así, por ejemplo, una proyección 1, 2, 7 marcará un buen ascenso, un notable éxito a partir del ciclo de cosecha. Una progresión 7, 6, 5 indicará problemas en el camino del destino. Además, hay que recordar que todo número debe estudiarse en profundidad. Toda indicación es positiva y permite un análisis más profundo. Por otro lado, también se debe tener en cuenta todas las vibraciones numéricas de los ciclos antes de la reducción o números ocultos, dado que son igualmente portadoras de información que es necesario aprender a descifrar correctamente.

• *Ejemplo*

Brigitte Mesnard, nacida el 04/07/1953.

Ciclo formativo
Vibración o valor: 7 (mes de nacimiento)
Número oculto: 0 (mes antes de la reducción)

Ciclo productivo
Vibración o valor: 4 (día de nacimiento)
Número oculto: 0 (día antes de la reducción)
Duración: 27 años

Para calcular la fecha de entrada en actividad del segundo ciclo, sume 27 años al año de nacimiento, 1953:

$$\begin{array}{r} 1953 \\ +27 \\ \hline 1980 \end{array}$$

Busque en qué año personal se situaba usted en ese año universal.

Año universal	1980
Día de nacimiento	+ 4
Mes de nacimiento	+ 7
Total	1991 = 20 = 2

Busque el año personal 1 más próximo.

Después de 27 años de mi nacimiento me encontraba en el año personal 2. Así que el año personal 1 más próximo a mis 27 años fue 1979. Mi segundo ciclo se inició el 1 de enero de 1979 y terminó 27 años y 8 meses más tarde.

El final de un ciclo en año personal 9, formativo, productivo o de cosecha, indica siempre un desenlace, un logro.

Ciclo de cosecha
Vibración o valor: 9 (año de nacimiento 1 + 9 + 5 + 3)
Número oculto: 18
Duración: hasta el fallecimiento.

Para calcular la fecha de entrada en actividad del tercer ciclo, hay que añadir 27 al año universal correspondiente al propio año personal 1 de entrada en el ciclo productivo.

• *Ejemplo:*

$$\begin{array}{r} 1979 \\ + 27 \\ \hline 2006 \end{array}$$

O añada 54 años a su año de nacimiento y a continuación reste la diferencia entre el valor de su ciclo de vida y 1.

• *Ejemplo:*

$$\begin{array}{r} 1953 \\ + 54 \\ \hline 2007 \\ - 1 \\ \hline 2006 \end{array} \text{(CV2 − 1 = 1)}$$

Por consiguiente, en el año 2006, el 1 de agosto, es decir, el 1 de enero del año personal 1 + 8 meses, entré en el ciclo de cosecha, a la edad de 53 años.

Los 9 ciclos formativos

Ciclo formativo 1

El ciclo formativo 1 emite una potente vibración que permite a la persona que se encuentra bajo su influencia desarrollar sus capacidades intelectuales y su personalidad de forma muy positiva. Este ciclo, en conjunción con un camino de destino que lo refuerce, acostumbra a anunciar una buena carrera profesional.

Reside en este ciclo 1 un gran potencial de independencia, energía y voluntad de afirmarse. A los padres les corresponde enseñar a su hijo a no ser egoísta ni demasiado individualista, a compartir con los demás.

Habrá que reprimir el orgullo, así como una autoridad excesiva.

Ciclo formativo 2

El ciclo formativo 2 indica que el niño se halla bajo la influencia principal de su madre o de otra mujer, una situación provocada por cierto distanciamiento del padre, que puede deberse, o bien a que las preocupaciones laborales le impiden comunicarse con su hijo, o bien a que por problemas en el seno de la pareja se ha producido una separación o un divorcio. Este alejamiento del padre puede señalar su fallecimiento en el transcurso de la actividad de este ciclo.

La personalidad situada bajo la influencia del ciclo 2 busca el afecto. Es necesario procurar que el niño no manifieste una sumisión excesiva y aprenda a afirmarse fuera del núcleo familiar.

El ciclo 2 presagia un matrimonio precoz.

Ciclo formativo 3

El ciclo formativo 3 permite a la personalidad expresarse y no permanecer aislada. El entorno desempeña una función muy importante, y la persona tiende a rodearse de amigos y a salir.

Constituye un ciclo agradable que puede incluso indicar dotes artísticas si el resto del tema así lo confirma. En todos los casos, durante su actividad, la personalidad es original y creativa.

Un encuentro importante puede marcar a la persona hacia los veinte años de edad.

Este ciclo también puede ser indicativo de un nacimiento precoz.

Ciclo formativo 4

Durante este ciclo el niño debe aplicarse mucho y mostrar perseverancia, ya que los estudios se ven dificultados por problemas familiares. A menudo es el anuncio de un inicio laboral precoz debido a dificultades económicas.

Este ciclo puede indicar que el niño sufre problemas de salud. Durante el paso por este ciclo, el individuo necesita expresarse en el plano físico, y se recomienda la actividad deportiva.

Ciclo formativo 5

El ciclo formativo 5 prevé muchos cambios y desplazamientos. El niño puede cambiar de domicilio. Los padres deben enseñarle a no abusar de su libertad y a seleccionar sus relaciones afectivas, ya que las vibraciones sexuales son precoces.

Durante su actividad, el ciclo formativo 5 conlleva inestabilidad, y los padres deben enseñar a su hijo a calmarse, concentrarse y terminar las acciones que ha iniciado. Han de rodearle de un afecto que le aporte equilibrio.

Ciclo formativo 6

Ciclo que conlleva numerosas responsabilidades y obligaciones que son difíciles de soportar para un niño. Los padres tienen que evitar sobrecargarlo.

Hacia los veinte años una aventura sentimental puede desembocar en un matrimonio que devolverá la armonía al conjunto del ciclo.

Durante la actividad de este ciclo, no hay que buscar la perfección; en caso contrario, la aventura terminará en fracaso.

Ciclo formativo 7

Este ciclo indica que el niño tiene una vida interior muy rica y orientada hacia la fe. No obstante, hay que enseñarle a exteriorizar, a expresarse y a salir de su jardín secreto. Los estudios se ven favorecidos, ya que el niño trata de instruirse y progresar. Encuentra pronto un objetivo, aunque tenga que modificarlo más tarde. Las vibraciones de este número predisponen a la reflexión, la meditación y la escritura. El niño poseerá una sólida confianza en sí mismo y alcanzará el éxito. No obstante, hay que tener en cuenta otros aspectos del tema. La personalidad durante la actividad de este ciclo busca la calma y aprecia la soledad.

Ciclo formativo 8
Este ciclo emite unas vibraciones que empujan hacia el éxito social. Durante este periodo hay que evitar mimar en exceso al niño. Su influencia permite la realización de la personalidad y el enriquecimiento a través del conocimiento. La persona que se halla en este ciclo puede encontrarse marcada por la justicia, las administraciones, el ámbito médico o el mundo de los negocios. Durante la actividad de este ciclo, hay que percatarse de la relatividad del poder y del dinero.

Ciclo formativo 9
Este ciclo conlleva vibraciones demasiado potentes. Es imprescindible que los padres sean comprensivos con el niño y lo colmen de afecto, pues hay nerviosismo y emoción, pero también muchas posibilidades de triunfar para la persona que atraviesa este primer ciclo. Es sinónimo de éxito, humanismo y grandes conocimientos en el ciclo siguiente. La personalidad tiende a realizarse por completo en todos los planos.
   En sus aspectos negativos este ciclo puede conllevar riesgos de depresión.

Los 9 ciclos productivos

Ciclo productivo 1
El ciclo productivo 1 presagia una transformación del modo de vida y de la personalidad, que se afirma y tiende hacia el éxito.
   Es un ciclo muy positivo si la persona sabe también compartir sus éxitos con los demás. De lo contrario, este ciclo puede ser muy personal y el aspecto sentimental puede desembocar en una soledad difícil de soportar.

Ciclo productivo 2
El ciclo productivo 2 indica voluntad de asociación y unión. La personalidad busca el trabajo de equipo, el diálogo, compartir. El 2 representa también el hogar, la madre. Si se vive de forma negativa y los demás aspectos lo confirman, hay que procurar no destacar demasiado, ya que existe riesgo de sufrir una ruptura profesional y sentimental.

Si procede del 11, el ciclo 2 conlleva una mejor realización de la personalidad, pero también dificultades en las relaciones sentimentales. No hay que olvidar que el 11 es sinónimo de fuerza e inspiración, y que es necesario seguir la intuición que aporta.

Ciclo productivo 3
El ciclo productivo 3 es el más agradable de todos. Anuncia interesantes relaciones socioprofesionales, cierto espíritu mundanal e hijos. Es un periodo original y creativo durante el cual los éxitos sucederán en general en todo lo relacionado con los contactos, el público y las artes; la vida es alegre y muy social.

Durante un ciclo 3 la personalidad se enriquece gracias a los intercambios de ideas y a la importante creatividad.

Ciclo productivo 4
Este ciclo 4 augura un periodo profesional y familiar muy importante, sinónimo de mucho trabajo.

Es el momento de construir para el futuro. Las vibraciones están muy activas y no dejan demasiado tiempo para pensar en divertirse. Pero, como todo es cuestión de equilibrio, habrá que evitar el estrés, pues las vibraciones negativas de este número podrían generar graves molestias de salud que repercutirían en todos los ámbitos.

Pocos viajes a la vista, salvo desplazamientos profesionales.

Las influencias de este ciclo son prácticas y estables. Si procede del 22, la actividad tiende hacia una acción internacional o a gran escala, pero, ¡cuidado!, pues el número 22 es muy difícil de soportar en el plano cerebral y podría generar un importante desequilibrio del sistema nervioso. Por otra parte, si el ciclo productivo 4 posee una influencia negativa, cabe esperar rupturas familiares o profesionales.

Ciclo productivo 5
Periodo de viajes, nuevas actividades y cambios frecuentes. Los acontecimientos tienen dificultades para estabilizarse, al igual que las relaciones. Numerosas aventuras sentimentales. Es un ciclo muy movido. Durante su actividad hay que aprender a aceptar los cambios e incluso a veces a provocarlos. Mucha libertad y pocas preocupaciones.

Ciclo productivo 6
Durante este ciclo productivo 6 puede celebrarse un matrimonio. Si ya se ha contraído, la vida familiar puede resultar feliz y armoniosa, a pesar de algunos problemas, en particular dificultades de adaptación a nuevas responsabilidades. ¡Cuidado con ser demasiado idealista en el amor, ya que su tendencia a buscar la perfección podría volverse contra usted y llevarle a fracasos sentimentales!

Ciclo productivo 7
Es un ciclo de crecimiento basado en la reflexión y la sensatez. La evolución no siempre resulta rápida. Las vibraciones de este ciclo plantean algunos problemas desde el punto de vista de las relaciones sentimentales, ya que las personas que viven bajo su influencia tienden a la meditación, la calma, la introspección y la evolución espiritual. Por otra parte, son muchos los que no se casarán durante este ciclo o se darán cuenta de que su pareja ya no se corresponde con su concepto de la vida. Durante la actividad de este ciclo, no hay necesidad alguna de forzar el destino, pues será este quien acudirá; sólo debe saber mantenerse a la escucha de la intuición. También es un ciclo durante el cual puede aumentar la fe o recuperarse.

Para vivir de forma muy positiva este ciclo, hay que orientarse hacia la búsqueda del conocimiento. Las vibraciones son muy favorables para la escritura, los estudios, las creaciones literarias, la teología, la filosofía y las distintas mancias. También es el ciclo de los políticos y los científicos. Los fallecimientos muestran una tendencia a canalizarse en este ciclo.

Ciclo productivo 8
Corresponde al éxito económico y social en el mundo de los negocios, de la justicia, de la medicina y de las administraciones. Anuncia grandes opor-

tunidades, si el individuo actúa de forma razonable y con toda objetividad. No obstante, no hay que olvidar el aspecto negativo del ciclo, que puede sobrevenir y generar problemas graves en los negocios, los contratos o incluso la salud si los demás aspectos del tema lo confirman.

Ciclo productivo 9
No existe ninguna necesidad de dudar del éxito, ya que está presente en la mayor parte de los casos. Las vibraciones de este ciclo empujan hacia la vida pública.

Conllevan tendencias humanistas y espirituales. Durante su actividad algunos tienden hacia el amor universal y cósmico. No obstante, es necesario que el resto del tema lo confirme. Durante este periodo de realización se experimenta la necesidad de ampliar los conocimientos. Sin embargo, hay que prestar atención a las vibraciones emotivas y nerviosas que emite y no ceder ante el desánimo o la depresión. Todo no puede suceder al mismo tiempo, y es necesario mantener la confianza si aparecen obstáculos. ¡Luego el éxito será mejor!

Los 9 ciclos de cosecha

Ciclo de cosecha 1
El ciclo de cosecha 1 anuncia una modificación del estilo de vida que proporciona a la personalidad gran energía y vitalidad. En este sentido, no anuncia precisamente una jubilación tranquila y apacible, puesto que las vibraciones del ciclo de cosecha 1 resultan activas.

Bajo su influencia, la persona tiende a alcanzar el éxito en nuevos proyectos y conserva durante mucho tiempo una inteligencia muy viva y creativa.

Ciclo de cosecha 2
Es un ciclo apacible de pareja, de calor humano. Se tiende a buscar el calor del hogar y a desarrollar actividades tranquilas y relajadas, como por ejemplo las colecciones, la jardinería, la lectura y las ensoñaciones junto al fuego.

La amabilidad y la ternura emanan del número 2.

Ciclo de cosecha 3

Ciclo muy agradable que presagia numerosas salidas, relaciones, amigos y alegría. El aspecto creativo de la personalidad se mantendrá activo durante mucho tiempo, así como la necesidad de ser original. Los éxitos acostumbrarán a tener lugar en el ámbito público y artístico. Mucha felicidad.

Ciclo de cosecha 4

El ciclo de cosecha 4 demuestra que la actividad proseguirá durante mucho tiempo, o bien por decisión propia, o bien por necesidad. No obstante, habrá que evitar la fatiga y el estrés, ya que las vibraciones físicas del 4 son bastante restrictivas. La vida no siempre será fácil en este periodo. Si el plano físico negativo domina el activo positivo, entonces el ámbito profesional podrá anularse. Si procede del 22, este ciclo le advierte que tenga cuidado con el ánimo depresivo, si tiene tendencia a ello; no obstante, vivido de forma positiva, es decir, rechazando las depresiones, el 22 anuncia un gran éxito al final de la vida.

Ciclo de cosecha 5

Las vibraciones de este ciclo presagian nuevas actividades y cambios frecuentes. La vida se mantiene bastante movida. Viajes y desplazamientos. Cierta inestabilidad afectiva. No cabe temer demasiadas preocupaciones.

Ciclo de cosecha 6

Muchas responsabilidades, pero también afecto y amor. Se alcanza cierta seguridad, aunque cabe esperar algunas restricciones. Hay que aceptar las obligaciones que se presentan. Este ciclo de valor afectivo puede indicar que van a celebrarse unas segundas nupcias o un matrimonio tardío si el resto del tema lo confirma.

Ciclo de cosecha 7

Durante este ciclo no puede hablarse a priori de auténtica jubilación, ya que las personas bajo las vibraciones del 7 se sienten inclinadas por la investigación, la escritura y el perfeccionamiento de su fe y de sus conocimientos. Es posible dedicarse a la creación literaria o al menos invertir mucho tiempo en meditar, en la introspección serena y a menudo incluso solitaria.

El ciclo 7 predispone a los viajes de estudios, así como a los tratados filosóficos, políticos y científicos.

Los fallecimientos tienden a canalizarse durante este ciclo.

Ciclo de cosecha 8

Este ciclo presagia una jubilación en realidad poco probable, ya que la personalidad tiende hacia el éxito material y las iniciativas en el mundo de los negocios. Si las vibraciones son demasiado negativas, pueden anunciar problemas económicos o físicos.

Es un ciclo que favorece las adquisiciones de bienes inmuebles y las firmas de contratos de todo tipo. Con vibración negativa, este ciclo representa la justicia, las rupturas de contrato y las dificultades económicas.

Posible intervención quirúrgica durante el paso de un ciclo mensual 8 o 4 en un año personal 8 o 4.

Ciclo de cosecha 9

Un gran periodo de erudición, estudios y jubilación que no ocasionan problemas particulares desde el punto de vista material. El individuo permanece muy marcado por la voluntad de progresar hacia el conocimiento universal y el amor por la humanidad.

Las 4 realizaciones de la vida

Las realizaciones de la vida, que cruzan los ciclos de vida, son cuatro. Los valores que poseen corresponden a los acontecimientos y cambios importantes que se producen en el transcurso de nuestro camino de vida. Aunque ejercen una notoria influencia sobre nosotros, sólo nos aportan información sobre la forma en que atravesamos la existencia, dado que la vibración de camino de vida, o número de destino, sigue manteniendo su primacía. Las realizaciones de la vida dependen de la fecha de nacimiento. La primera, la más importante, está en actividad durante unos 36 años y las otras tres duran nueve.

Si resulta que una de las realizaciones tiene el mismo valor numérico que el camino de destino, la vida será más fácil y los objetivos, conscientes o inconscientes, a los que se aspire se verán favorecidos. Por otro lado, si una de estas realizaciones corresponde a la determinación, o yo íntimo, se podrán concretar con facilidad las aspiraciones.

Las características de las cuatro realizaciones se examinan en las páginas siguientes. Son indicaciones muy valiosas que deberá tener en cuenta para comprender y dominar su destino, y vivir así de forma positiva su único camino, junto con el conjunto de los objetivos que tal vez le sean asignados.

Las modalidades de cálculo de las realizaciones de la vida y de su duración

El ciclo básico de toda vida es de nueve años y cada realización posee también una duración de nueve años. No obstante, la primera realización se calcula sobre la base de 4 · 9, es decir, 36 años, disminuida en el número reducido de camino de vida para personalizar el estudio.

1. La primera realización equivale al día y el mes de nacimiento reducidos de 1 a 9.
2. La segunda realización equivale al día y el año de nacimiento reducidos de 1 a 9.
3. La tercera realización equivale a la suma de las dos primeras reducida de 1 a 9.
4. La cuarta realización equivale al mes añadido al año de nacimiento.

La primera realización
Me gusta denominar a esta realización *número motor*, pues su vibración actúa durante todos los días de nuestra vida, dado su cálculo, que sirve de base también para la búsqueda del número de año personal (recordemos que año personal = día + mes de nacimiento + año universal estudiado) y, por reacción en cadena, del mes personal (recordemos que mes personal = número oculto de año personal + mes del calendario) y del día personal (recordemos que día personal = número oculto de mes personal + día universal). La primera realización es igual a la suma del día y el mes de nacimiento.

• *Ejemplo*

Brigitte Mesnard, nacida el 04/07/1953.

Día	4
Mes	+ 7
Total	11

Vibración o valor: 11 (11 no se reduce).
Número oculto: 11.
Duración: 36 años, o sea, el número reducido de camino de vida, es decir, 36 − 2 = 34 años.

Esta primera realización está en actividad de los 0 a los 34 años.

La segunda realización
Se calcula añadiendo al año de nacimiento el día de nacimiento.

• *Ejemplo*

Año de nacimiento   1953
Día de nacimiento   +   4
Total   1957 = 22
Vibración o valor: 22 (22 no se reduce).
Número oculto: 22.
Duración: 9 años.
En actividad: de los 34 a los 43 años.

La tercera realización
Se obtiene sumando las vibraciones de la primera y segunda realizaciones.

• *Ejemplo*

Valor de la primera realización   11
Valor de la segunda realización   + 22
Valor de la tercera realización   33
Vibración o valor: 33 (33 no se reduce).
Número oculto: 33.
Duración: 9 años.
En actividad: de los 43 a los 52 años.

La cuarta realización
La cuarta realización es igual a la suma del año de nacimiento y el mes de nacimiento.

• *Ejemplo*

Año de nacimiento   1953
Mes de nacimiento   +   7
Total   1960 = 16 = 7
Vibración o valor: 7.
Número oculto: 16.
Duración: 9 años.
En actividad: de los 52 a los 61 años.

Realización 1

La realización 1 presagia una renovación vital, un cambio radical de forma de vida, un renacimiento moral y material. Al principio de la vida, indica que la personalidad será muy rica y podrá alcanzar el éxito a través de sus capacidades intelectuales. No obstante, el 1 resulta bastante individualista y, en algunos casos, indica que el camino se recorrerá en soledad. Muchos proyectos a la vista.

Si esta realización corresponde a su primera realización, mantendrá su vibración a lo largo de toda su existencia, ya que el 1 se convertirá en el número motor de todos sus años. En este caso, la única oportunidad que tiene de vencer la soledad será aprovechar un ciclo, una realización o subrealización 3, que le propicie encuentros, o 6, que le aporte el amor y la posibilidad de contraer matrimonio o una unión libre. Lo mismo ocurre con el número 2. Al margen de estos números, las uniones no se ven favorecidas, salvo si los años personales o los ciclos mensuales personales 2, 6, 3 están bien «aspectados».

Realización 2

Al principio de la vida, esta realización supone que se ha estado bajo la influencia de la madre, o bien por el alejamiento del padre por causas laborales, o bien porque los padres se han separado o divorciado.

A menudo indica un fallecimiento del padre antes del final de la realización. No obstante, en este caso es conveniente construir el tema del progenitor en cuestión.

Este valor 2 de su realización indica que va a establecer una unión durante este periodo. Si el matrimonio se ha contraído ya, pueden producirse algunas tensiones en la pareja, sobre todo si el valor 2 procede del número clave 11.

A menudo indica un divorcio cuando el resto del tema lo confirma, ya que el 11 aporta mucho nerviosismo y fuerza de carácter para progresar contra viento y marea. Si el valor 2 está bien «aspectado» (procedente del 20), el matrimonio será feliz y las asociaciones, beneficiosas.

Realización 3

Buen número en cualquier posición de realización, pues es el periodo más agradable. Augura muchos amigos, relaciones, contactos y encuentros. Seguridad afectiva. Están presentes el éxito y el triunfo. Grandes posibilidades de expresión en el ámbito artístico, literario. Es un periodo original y creativo durante el cual no hay que permanecer aislado, sino construir, crear. Puede significar el nacimiento de nuevas ideas o de hijos.

Cuidado con ciertos aspectos negativos, sobre todo si su realización procede del 12, ya que en tal caso conlleva vibraciones de separación y fracasos.

Realización 4

Periodo de restricciones y limitaciones. Durante esta realización el trabajo es intenso. Debe sentar sólidas bases para el futuro. No obstante, si el 4 procede del número 13, cabe temer problemas en el seno de la familia o en el ámbito laboral. El análisis en detalle de su tema le permitirá guiarse mejor. Se prevé poca diversión y viajes de recreo durante la actividad de esta realización.

Procure evitar el estrés y no perder el equilibrio, ya que el 4 conlleva vibraciones negativas en el plano físico durante el paso de ciertos ciclos por sus años personales.

Realización 5

Esta realización proporciona a la personalidad mucha libertad. Hay cambios frecuentes durante todo el periodo: viajes, desplazamientos e incluso mudanzas. Los proyectos que haga durante este periodo tienen dificultades para fijarse en el tiempo, pero desembocan más tarde en proyectos nuevos, constructivos y estables. Si el resto del tema lo confirma, en particular desde el punto de vista del carácter y el camino de destino, tenderá a protagonizar aventuras sentimentales sin futuro.

Realización 6

La realización 6 simboliza un periodo de responsabilidad y adaptación durante el cual puede celebrarse una boda. Conlleva enormes vibraciones de afecto, amor y ternura. Un matrimonio contraído antes de este periodo debe ser objeto de muchas atenciones, pues esta realización vivida en negativo atraería el divorcio y los conflictos.

Si resulta ser su primera realización, sus vibraciones influirán en toda su existencia, pues se convierte en el número motor de todos sus años personales. En este caso, indica que su necesidad de afecto es inmensa y que tiene en su interior demasiada emotividad. A lo largo de toda su vida deberá asumir muchas responsabilidades.

Cuidado con los celos y la posesividad.

Realización 7

Es un periodo de soledad buscada o impuesta que favorece la investigación, los estudios y las producciones científicas, literarias, filosóficas y espirituales. Durante este periodo las parejas pueden sufrir tensiones. No se aconseja en absoluto que se contraiga matrimonio durante su actividad, ya que tendería a no ser feliz y abundarían los problemas, que, en casos extremos, podrían provocar la ruptura. Los matrimonios contraídos antes de la llegada de esta realización podrán resistir las tensiones. Las pérdidas afectivas tienden a concentrarse en este periodo.

En cualquier caso, el número 7 favorece el aspecto intelectual y mental de la persona.

Puede producirse un nacimiento durante esta realización.

Realización 8

Buen periodo para el éxito material. Llevará a cabo el progreso hacia las responsabilidades profesionales de forma armoniosa, si sabe mantenerse muy positivo.

En caso de vibraciones negativas, cabe prever dificultades económicas, desempleo, rupturas sentimentales y fracasos en los contratos.

Las vibraciones resultan excelentes para los asuntos personales, jurídicos, administrativos y médicos.

Si su realización cruzase un ciclo de tendencia a la fatiga en un año personal que también predispusiera a esta situación, podría sufrir una intervención quirúrgica.

Realización 9

Durante este periodo pueden producirse grandes logros y obras. En este número hay un gran componente de éxito y triunfo, en particular en el plano material y humano. No obstante, se le pueden exigir algunos sacrificios.

Cabe prever numerosos desplazamientos y viajes. Los proyectos afectivos no siempre aportarán la satisfacción esperada.

La personalidad debe orientarse hacia el aspecto humanitario, pues, de lo contrario, esta realización conlleva riesgos de sufrir depresión, que pueden dirigirle hacia el camino paralelo negativo de su destino.

Este número es muy poderoso, y se requiere una fuerte personalidad para alcanzar el aspecto positivo. Su análisis de carácter debería ayudarle.

El carácter

El número de carácter se obtiene sumando entre sí todos los componentes numéricos del nombre y los apellidos.
Consulte la siguiente tabla de valores numéricos de las letras.

1	2	3	4	5	6	7	8	9
A	B	C	D	E	F	G	H	I
J	K	L	M	N	O	P	Q	R
S	T	U	V	W	X	Y	Z	

- *Ejemplo*

    B R I G I T T E   M E S N A R D
    2 9 9 7 9 2 2 5   4 5 1 5 1 9 4
         45   +   29   = 74 = 11

Como 11 es un número clave, no se reduce.
74 es el número oculto.
11 es el número de carácter.

Los números de carácter se calculan de 1 a 9, más 11 y 22, que no se reducen.

Carácter 1

El número que expresa su carácter es el 1, el de los individuos únicos que no admiten la pluralidad. De él se desprende una fuerte personalidad en que la originalidad convive con el sentimiento de individualidad y el deseo de independencia. A menudo, a los caracteres 1 se les considera auténticas personalidades.

Este número denota la fuerza excepcional de su carácter, una sólida confianza en sí mismo y un gran apego a su propia persona. Vive sin temor todos los instantes de su vida y sabe desarrollar con éxito todas las acciones que emprende.

Su ambición y su deseo de triunfar predominan sobre todas las cosas, a veces incluso sobre sus amores y amistades.

Su inteligencia se revela viva y hábil, y le permite brillar tanto a los ojos de su entorno por su brío como ante sus propios ojos —para su mayor satisfacción—, debido a que en usted hay un poco de egocentrismo, en ocasiones mucho.

En cualquier situación se muestra siempre diplomático, sabe salirse con la suya y preservar todas sus ventajas.

Manifiesta una gran aptitud para el mando, y sus facultades para hallar y llevar a la práctica ideas nuevas se conjugan de forma armoniosa con su talento de organizador.

No obstante, debe evitar que esta seguridad en sí mismo y su autoridad natural se transformen en egoísmo y autoritarismo, y aumenten sus dificultades, no para ser sociable, sino para comunicarse en profundidad con los demás; acepte las aportaciones de sus colaboradores como complementos de sus propias cualidades, aunque estas últimas sean muchas.

En su caso, el número 1 señala una personalidad de primer plano. Los aspectos positivos le serán beneficiosos, aunque sólo sea gracias a su voluntad, a su espíritu ambicioso, a sus aptitudes para el mando y, sobre todo, a su confianza en sí mismo.

Pero debe protegerse de los aspectos negativos de esta cifra utilizando sus cualidades con inteligencia y reflexión. De esta forma evitará el aislamiento, la monotonía, la triste alegría del éxito solitario y la represión de sus desahogos naturales.

Carácter 2

El número que expresa su carácter es el 2, carácter complicado a priori, pues el número 2 es símbolo tanto de oposiciones, conflictos y reflexiones como de unión, amor y amistad.

Expresa sobre todo la dualidad en la que se basa toda dialéctica, todo esfuerzo, todo combate e incluso todo progreso.

Para superar estas aparentes contradicciones, los individuos que responden al número 2 manifiestan equilibrio y armonía, y resuelven, mejor que nadie, las discordancias que mantienen en sus reflexiones y su comportamiento. Deseosos ante todo de proteger su libertad y tranquilidad, no por ello dejan de mostrar un sincero espíritu social y buscan la compañía de verdaderos amigos cuyo aprecio saben ganarse con un ánimo jovial y modales agradables y galantes.

Para su entorno, usted parece pasar a menudo de un estado de ánimo a otro; no pueden darse cuenta del complicado refinamiento del que da pruebas para ser usted mismo. Añada a eso su sentido del humor y su manera de desviar una conversación para orientarla hacia donde más le convenga y comprenderá por qué no siempre se le valora de inmediato y por qué sus cualidades, como la honradez, la amabilidad y la sinceridad, no se aprecian enseguida.

Su emotividad y su intuición le permiten comprender a los demás de inmediato y ofrecerles espontáneamente su generosidad antes incluso de que la necesiten, y, gracias a ello, sin que se sientan molestos.

En usted, el cálculo es raro; la amabilidad y el amor por el prójimo son sus cualidades. No obstante, desconfíe de usted mismo. Si no muestra ningún síntoma de fuerza, acción y espíritu emprendedor, y si no tiene cuidado, tema caer en la costumbre, la indulgencia y el mariposeo, defectos que no soportaría debido a sus excepcionales cualidades. Por lo tanto, ya que es usted el número de la contradicción, replantéese su actitud con más frecuencia que los demás.

Tiene los medios necesarios para hacerlo. Sea usted mismo hasta el final, es decir, tenga una mente dialéctica. Muéstrese crítico y replantéese su actitud en cuanto sienta que todo va demasiado bien. ¡Qué personalidad construirá así sobre sus contradicciones!

Carácter 3

El número 3 expresa un carácter difícil de definir en su totalidad, pues representa la suma del 1, número de la unidad y la certeza, y del 2, número de la dualidad tanto en la oposición como en la unión. Esta suma dota a su personalidad de un notable espíritu de síntesis, que le permite no apegarse a las cosas, las personas y los acontecimientos sólo en función de sus aspectos aparentes o inmediatos, y superar las contradicciones inherentes a toda propuesta y todo fenómeno.

Esta facultad de síntesis le acerca a la verdad y a su búsqueda, y hace de usted una persona de palabra, que no sólo no dudará en dar los pasos que le parezcan justos, sino que también sabrá mostrarse servicial con quienes le necesiten.

El pensamiento del 3 es profundo y creativo. No excluye por intelectualismo los datos prácticos de la vida.

Usted necesita desmarcarse de los tabús cotidianos y ser original, cosa que le distingue muy pronto de los demás.

Su facultad de síntesis le resta profundidad en el análisis y a veces en el juicio, lo que de forma paradójica puede llevarle a la duda, la inseguridad y el escepticismo.

Por ello, en periodos de crisis, para remediar este abandono de su identidad, busca en los demás aprobación y consuelo.

Los tiempos oscuros tienen un resultado positivo: le permiten valorar el precio de la amistad.

No se alarme ante los cambios que su entorno crea detectar en usted, en su estado de ánimo o su actitud. Sólo usted conoce el equilibrio de su carácter y la permanencia de sus sentimientos, y sabe burlarse de las ideas preconcebidas, los tabús y los tópicos, para preservar en lo más hondo de sí el secreto de su identidad.

Su temperamento le empuja a descuidar las apariencias, aunque, de forma objetiva y secreta, no es insensible a ellas y las cultiva sin que nadie se dé cuenta.

Su gran problema: dominar su espíritu de síntesis y no dejarse arrastrar por contradicciones que puede controlar, cosa que, pese a su jovialidad, puede presagiar un carácter difícil.

Carácter 4

El número que expresa su carácter es el 4. Símbolo de la totalidad, el 4 corresponde a las operaciones fundamentales de la aritmética (2 + 2 y 2 · 2), interpretadas como combinaciones de equilibrio, un equilibrio que se desprende de sus particularidades.

Bajo una apariencia pasiva, está siempre dispuesto a la acción, durante la cual muestra un gran sentido práctico y organizativo. El número 4 indica que se esfuerza mucho en todo lo que emprende y que es perseverante en sus acciones o ideas.

Ante todo, se inclina hacia la reflexión, la meditación y el juicio de las cosas, con el riesgo de no saber distinguir siempre entre la claridad de pensamiento liberada de todo tabú y el angelismo romántico que carga el pensamiento de sentimientos y lo separa de la materialidad cotidiana de la vida. Por fortuna, su inteligencia sabe restablecer el equilibrio para abordar los aspectos prácticos de la vida y dar a su actitud y razonamiento una plenitud, a veces tal vez engañosa, pero que inspira una sensación de calma y sosiego a su alrededor.

Posee todas las bazas necesarias para tener una vida tranquila y sin problemas aparentes, aunque puede mostrarse sin mucho relieve. ¿No son la tranquilidad y la paz interior sentimientos a los que muchos aspiran? No obstante, cabe temer que la búsqueda de cierto consuelo moral, material e intelectual le encierre en un capullo sin grandes ambiciones y le lleve a cierta estrechez de miras y a unos juicios un tanto rígidos acerca de todo lo que no entra en el marco de su reflexión. Por ello, a veces le será necesario hacer un esfuerzo para beneficiarse plenamente de su equilibrio y establecerlo entre su moral y su acción. Deje que su bondad sólo tranquilice a quienes le rodean y siéntase motivado ante cualquier circunstancia.

Carácter 5

El número que expresa su carácter es el 5. Algunos dirán que es símbolo de unión, equilibrio y armonía; otros, que es usted un gran flemático, poco emotivo y no demasiado desbordante de actividad. Eso no disminuye en absoluto su eficacia y, aunque sus reacciones no siempre son las esperadas, su inteligencia posee formas activas que le llevan a unos sentimientos intensos y una lógica de razonamiento que le envidiarán todos los racionalistas.

No le gusta estar equivocado, pero ¿por qué gastar tanta energía en demostrar que tiene razón? Tiene una intuición muy desarrollada y está dotado de una gran perspicacia y una profunda sensibilidad. Es cierto que su juicio es oro. No obstante, a veces su ingenuidad le engaña, porque no siempre hace el esfuerzo de esperar antes de reaccionar y la aventura queda en agua de borrajas. Esa es su contradicción. Necesita reflexionar antes de actuar y, cuando improvisa como todo el mundo, fracasa. Su vocación se basa ante todo en la reflexión, ya sea religiosa, ya científica; esta última le sienta muy bien, pues su inteligencia basa su reflexión en la desconfianza y la duda, cualidades necesarias para un científico. Subordina el hábito a la experiencia. Siente la necesidad de ampliar sus conocimientos, de replantearse las verdades establecidas, los pensamientos comúnmente admitidos.

Aunque a veces parece cambiante, parece ofrecer un rostro distinto según el interlocutor, es porque, en definitiva, su inteligencia y sensibilidad le permiten adaptarse a las situaciones, responder según las formas esperadas por quienes le solicitan.

Esta capacidad para adaptarse a cada contexto, para comprender los problemas nuevos, para dirigirse a cada cual según su lenguaje y sus hábitos, son cualidades propias de cualquier buen mediador. Comprenda y medite, aprenda a convencer y catalizar a sus interlocutores, pero no se considere mejor e imprescindible. Piense que si algunos pueden necesitarle como consuelo o guía es porque sus cualidades se prestan a ello. Téngalo todo en cuenta y reconozca sus defectos, aunque sólo sea sus inquietudes, con las que a veces sustituye con demasiada facilidad a la duda...

Carácter 6

El número que expresa su carácter es el 6. Afortunado, número perfecto, se equilibra entre el bien y el mal, entre el bien y el mal del amor (aunque el mal no existe en amor). Caer en el amor físico significa, para usted, despertar el amor espiritual. Para los necios, el amor puede ser una prueba entre el bien y el mal, pero para usted es el eje de su evolución y creatividad. Sólo puede elevarle y arrastrarle más allá de sí mismo, ¡con gran nobleza de sentimientos y elevación de pensamiento! Una vez más, número afortunado y afortunado quien lo lleva.

Aunque en usted domina el sentimiento, no llega a superar a la razón. Al contrario, su razonamiento está hecho de inspiración, pero también de reflexión. Es capaz de cultivar ideales y ama las cosas bellas.

Su espíritu está hecho de tolerancia, abnegación y sacrificio, pero no por ello debe usted considerarse un ángel, pues sus cualidades no le eximen de defectos.

No desdeñe la comodidad, pues le gusta comer y vivir bien.

Por muy profundo que sea el sentimiento amoroso, no debe llevarle ni a la vanidad, ni a los celos. Fluya con la vida y busque un equilibrio que guíe sus aspiraciones. Sea siempre usted mismo, pues es el único modo de actuar según la propia conciencia. Ser uno mismo y estar protegido por el dios Amor: ¿qué más se le puede pedir a la vida?

Carácter 7

El número que expresa su carácter es el 7, carácter en principio completo, ya que el 7 es el símbolo de la totalidad y de la perfección. Le predispone a buscar la verdad sin cesar y a replantearse toda certeza cuya base desconozca.

Su espíritu curioso le lleva a tomar conciencia de la perpetua evolución de la vida, la sociedad, las mentalidades y las formas de existencia, así como de la necesidad de adaptarse sin cesar a situaciones nuevas.

Tiene muchas bazas para apostar por una actividad intelectual, científica, sobre todo porque procura instruirse y no duda en emprender las tareas más arduas. Por lo tanto, no se extrañe de ser bastante distraído y descuidar las obligaciones que puedan parecerle secundarias. No obstante, evite que este otro aspecto domine su carácter y que el resultado sea un comportamiento pasivo ante ciertos acontecimientos.

Sea imaginativo y creativo, y no sirva de instrumento a otros, porque perjudicará su necesidad de independencia.

El número 7 le predispone a viajar, tanto en sentido figurado como metafórico.

Valora mucho la amistad, pero su vida sentimental puede, al contrario, ser un auténtico culebrón.

Necesita mucho dinero porque, en el plano material, experimenta una gran necesidad de seguridad y forma parte de los ahorradores, a pequeña o gran escala.

Ya que posee ese impulso natural de buscar explicaciones y comprender los principios de todo, aprovéchelo para percibir en su propia persona los aspectos pasivos de su carácter e introducir las correcciones necesarias en su comportamiento.

Carácter 8

El número que expresa su carácter es el 8, carácter recto y muy equilibrado. Nada escapa a su observación y sagacidad. Posee una visión exacta, clara y lúcida de las cosas, y la aptitud para distinguir los más delicados pensamientos y sentimientos.

Es perspicaz y percibe, en consecuencia, todo lo que se escapa a la mayoría de las personas.

El número 8 le otorga un gran dominio interior, por lo que manifiesta mucha plenitud y alegría en todo lo que emprende. Sus amigos aprecian su juicio, ya que sabe razonar y tomar posición al margen de cualquier influencia o ataque a su libre albedrío.

No sólo tiene esta claridad de juicio respecto a su entorno o los acontecimientos que sobrevienen en su vida, sino que también posee una gran conciencia de sus actos y de sus consecuencias.

La capacidad de sopesar los pros y los contras resulta natural en usted, una actitud que muestra su equilibrio y que no le impone ningún límite. No obstante, evite dejar de sopesar y caer en enredos y procesos negativos, lo que sería, en definitiva, bastante paradójico por su parte, dado su ánimo ponderado.

Todo es cuestión de equilibrio. Así pues, mantenga la lucidez, pero no hile demasiado fino. Es difícil, pero esa debe ser su principal cualidad.

Carácter 9

El número que expresa su carácter es el 9, número de la plenitud. Su gran valor ritual le permite dominar todos los aspectos de su personalidad, ya sea para alcanzar sus propias metas, ya sea para ponerse al servicio de una causa. Usted posee justicia, equilibrio y conocimiento, y le mueve la incesante búsqueda de la verdad.

La acción, la sensatez y la circunspección están unidas a usted de forma indisoluble. Le gusta la acción, pero nunca la inicia sin una gran reflexión previa. La sensatez le sigue, ya que actúa sin mala fe, después de valorarlo todo con una sinceridad natural.

Sus amigos le aprecian y, cuando se le conoce, es difícil no considerarle como tal, por su facilidad para aclarar y resolver cualquier problema que se presente. Posee gran proyección y sus actos y palabras sensatas influyen en los demás. Todo el mundo admira la profundidad de su inteligencia.

Su curiosidad carece de límites, pero evite ir más allá de donde le está permitido. De todas formas, no se alegre demasiado de estas cualidades, que podrían hacer de usted un precursor o un profeta.

La continuación de este estudio le revelará algunas pequeñas lagunas que le harán más modesto y prudente acerca del gran aprecio que todos sienten por usted. Pero no se preocupe, las lagunas, si las hay, serán pequeñas y no alterarán demasiado el relieve de su personalidad.

El arcano del nombre y de los apellidos

El arcano (del latín *arcanum*, que significa «secreto») del nombre y los apellidos es el número oculto que actúa sobre el carácter. Se trata de un número comprendido entre 1 y 22 (ambos incluidos), correspondiente a los 22 arcanos mayores del tarot. Según los casos, puede ser igual o distinto del número oculto del carácter o del número del carácter estudiados en el capítulo anterior.

Para hallarlo, hay que tener en cuenta cuál es exactamente el número oculto de carácter:

— si ya se sitúa entre 1 y 22, su arcano de carácter es igual a su número oculto de carácter;
— si es superior a 22, proceda a tantas reducciones teosóficas como sean necesarias; el objetivo que debe cumplir es poder hallar un número situado entre 1 y 22.

Recuerde que la reducción teosófica es la suma entre sí de los componentes de un número.

• *Ejemplo*

Mi número oculto es el 74; dado que este número es superior a 22, tengo que realizar una reducción teosófica que lleve a un número situado entre el 1 y 22, es decir: 7 + 4 = 11.

Así pues, 11 es mi arcano de carácter y corresponde a mi número de carácter.

Arcano I

El arcano del que nacen los influjos que actúan en su carácter es el I, que le brinda una enorme imaginación. Atestigua que posiblemente realizará grandes reflexiones antes de emprender cualquier acto y adoptará un enfoque inteligente de cualquier problema que tenga que resolver.

Es usted capaz de demostrar voluntad y de aprovechar su creatividad. Puede mostrarse generoso y amable con los demás, ya que sabe reconocer, mejor que nadie, a quienes merecen su atención. Su salud moral se alía con sus recursos naturales para evitar o combatir enfermedades de tipo obsesivo o neurasténico.

No obstante, procure que su espíritu innovador y una excesiva confianza en sí mismo no le inciten a emprender demasiadas cosas a la vez, ya que este arcano indica cierta tendencia a la dispersión en la acción; de ahí el riesgo de desaprovechar los influjos que le son beneficiosos.

Arcano II

El arcano del que nacen los influjos que actúan en su carácter es el II, que le concede una gran capacidad de síntesis.

Indica que es posible que sopese los pros y los contras en todo lo que emprenda. Tiene espíritu de mediador, ya que sabe conciliar las opiniones aparentemente contradictorias que puedan exponerle, e incluso extraer la sustancia para una reflexión más profunda.

A pesar de todo, esta inteligencia, que debería aprovechar para aprender de cualquier experiencia, puede hacerle descuidar las verdades establecidas que justifican el poder, la ambición, la satisfacción mezquina de los pequeños logros personales, el arribismo. Por ello, procure no dejarse atrapar por su dialéctica. Desprecie los antagonismos mediocres y las rivalidades oscuras, pero no los ignore y aprenda a eliminarlos cuando se hagan demasiado apremiantes. Procure que su indiferencia con respecto a ellos no sea debilidad. Sus influjos le llevan a superar las disputas, pero no ignore las contradicciones que le rodean a fin de poder dejarlas atrás y aprovecharlas para concebir ideas nuevas y sanas.

Arcano III

El arcano del que nacen los influjos que actúan en su carácter es el III. Este arcano influye en su personalidad aportándole solidez de espíritu, gran fuerza de acción e imaginación creativa. Estos influjos le protegen de las contradicciones aparentes del mundo y le ayudan a obtener lo mejor de las personas, de los juicios o de los sentimientos encontrados. Sin embargo, su mirada crítica tiene muchas posibilidades de ser la de un espectador. De ahí el riesgo de que estos influjos sean pasivos, es decir, generen muchos pensamientos pero pocos actos.

No obstante, le permiten hallar el equilibrio interior y alimentar las más bellas esperanzas. Si es cierto que cada problema tiene una solución, usted sabe identificar cuál es la mejor. Por ello, no se deje arrastrar por la pasividad y explote esa oportunidad de poder mejorar y transformarse, tanto desde el punto de vista moral como material.

No invierta su fuerza creativa sólo en pensamientos; aprovéchela también para aumentar la potencia de sus actos.

Arcano IIII[1]

El arcano del que nacen los influjos que actúan en su carácter es el IIII, que dota a su personalidad de un gran equilibrio. Le orienta ante todo hacia la acción razonable. No obstante, su imaginación puede guiar a su inteligencia hacia la búsqueda del sueño y lo insólito, pero menos en la aventura y los riesgos que la rodean que en el calor de un hogar y una cama mullida. Y sabrá apreciar el otoño, las brumas húmedas y la caída de las hojas, pero sólo a través de los cristales ante el calor de la chimenea. Sus influjos actúan en su intuición y templan el posible ardor de sus reacciones aportándole prudencia.

---

1. Tradicionalmente el cuarto arcano de la baraja del tarot no lleva el número IV (uno restado de cinco), sino IIII (uno más, que se añade a tres). Este simbolismo subraya el progreso en el camino iniciático del tarot.

Esta perpetua búsqueda del equilibrio puede llevarle a tratar siempre de conciliar sus tendencias antagonistas y frenar su voluntad y actividad. Por lo tanto, sírvase de su sentido del equilibrio en el enfoque de la realidad, pero, una vez se haya formado una opinión, no dude en lanzarse al camino que haya elegido.

Arcano V

El arcano del que nacen los influjos que actúan en su carácter es el V. Indica que debería poseer una notable capacidad para cuestionar y replantearse cualquier verdad establecida.

Influye en su carácter, obligándole a tener en cuenta los principios fundamentales de todas las cosas, de todas las situaciones.

Eso le lleva a buscar soluciones a cualquier problema difícil que se le presente y a apaciguar los temores de ciertas personas en conflicto consigo mismas o con los demás.

Por ello, procure cultivar estas aptitudes, que ensalzarán los aspectos positivos de su carácter y atenuarán los negativos, por secundarios y pocos que sean.

Por otra parte, estos influjos pueden llevarle a ciertas contradicciones; deje que se manifieste su carácter o, de forma positiva, realice una reflexión saludable sopesando los pros y los contras de cada situación.

No obstante, sepa que estos influjos le dan una gran fuerza de sentimientos, que sabrá distinguir fácilmente de toda sensiblería, y, gracias a esa fuerza, será capaz de corregir su exceso de espontaneidad mediante una búsqueda lógica de la mejor solución posible para cada problema.

No confunda la objetividad y la perspectiva necesaria ante los acontecimientos con la indiferencia.

Su equilibrio debe procurarle suficiente confianza en sí mismo, si esta no es inherente a su personalidad, para afrontar la vida y afirmarse sin ningún complejo.

Y, sin hacer alarde de agresividad, contagiará su serenidad a quienes sepan apreciar su plenitud y el consuelo suave pero realista que es capaz de proporcionarles.

Arcano VI

El arcano del que nacen los influjos que actúan en su carácter es el VI. Este arcano influye en su personalidad desvelando un gran sentimentalismo que busca la misma respuesta por parte de los demás.

El amor debería cumplir un papel fundamental en el conjunto de sus actos y aspiraciones, pero evite que la pasión le domine e influya demasiado en sus reflexiones y reacciones.

Aunque es objetivo en sus juicios y muestra una gran lógica, es posible que esta tendencia al sentimentalismo le arrastre hacia soluciones subjetivas basadas en una tendencia afectiva demasiado pronunciada. En efecto, su influjo se muestra guiado por una voluntad muy fuerte. A usted le corresponde dominar esta tendencia conservando toda la intuición y sensibilidad en que se basa.

En última instancia, estos influjos en su carácter son puramente sentimentales. A usted le corresponde saberlo, controlar su emotividad y, a partir de la más baja materialidad, crear las más grandes aspiraciones, amorosas o filosóficas. De lo contrario, le llevarán al gran vacío de doctrinas que se construye sobre lemas de amor y patria, abnegación y sacrificio...

Arcano VII

El arcano del que nacen los influjos que actúan en su carácter es el VII. Este arcano influye en los rasgos generales de su personalidad desarrollando en usted un temperamento de realizador. Si además posee dotes de creación y fecundidad, no sólo estará en condiciones de innovar en cualquier terreno, sino también de hacerse cargo de la realización práctica de sus proyectos e ideas.

Estos influjos indican movimiento, no tanto en el sentido de viajar, sino más bien en el de saber evolucionar tanto en la vida como desde el punto de vista mental. Se trata de una valiosa cualidad que sólo puede resultarle beneficiosa, sean cuales sean sus demás virtudes y sus defectos.

Los influjos de este arcano le permiten superar cualquier dificultad que se presente en su vida y le ayudan a adquirir una gran confianza en sí mismo.

Así podrá relativizar la superioridad que se conceden demasiadas personas, refiriéndose a títulos o diplomas, o bien poniendo de relieve sus más banales acciones.

Arcano VIII

El arcano del que nacen los influjos que actúan en su carácter es el VIII, que le atribuye una enorme facultad de juicio, facultad que, sin duda alguna, influye mucho y de forma favorable en los rasgos esenciales de su personalidad. En efecto, confiere a su actitud mucho rigor y sobre todo una gran rectitud. Estos influjos le llevan a sopesar el bien y el mal, no solamente en cada una de sus acciones, sino también en todos los problemas que se le plantean, así como en todas las situaciones a las que se enfrenta.

Dichos influjos le llevan a un gran humanismo y, si tuviese que pronunciar alguna sanción contra cualquiera, estaría llena de inteligencia y no reflejaría ningún espíritu de revancha.

Este influjo le proporciona una gran sabiduría. Ha de procurar que esta no reduzca sus cualidades esenciales; que le permita más bien afirmarse con razón y aumentar la confianza en sí mismo, sin ningún resabio de superioridad respecto a los demás.

Arcano VIIII[2]

El arcano del que nacen los influjos que actúan en su carácter es el VIIII. Este arcano proyecta sobre usted las bases de una plenitud casi perfecta y los colores del amor más profundo. El resultado es un espíritu curioso, sin ser indiscreto, prudente, pero no temeroso.

La lógica parece dirigir su razonamiento. Cabe temer de estos influjos un exceso de prudencia, pues, aunque la reflexión es necesaria antes de toda

---

2. Observará que, como ocurre con el arcano IIII, el simbolismo del tarot prefiere siempre sumar con el fin de subrayar el progreso del individuo, en lugar de restar, operación que sería expresada por el clásico número romano IX (uno restado de diez).

acción, debe saber aprender de su experiencia y no temer los reflejos de una intuición que alimenta sus raíces en ella.

Estos influjos le llevan a superar las indecisiones, el temor a una iniciativa que pueda transformar su vida. Le darán esa mente analítica que le permite sopesar los pros y los contras en todas las cosas y decidirse con conocimiento de causa. No vuelva contra usted estas funciones, ¡no hile demasiado fino! Razone, pero decídase en el momento adecuado.

Arcano X

El arcano del que nacen los influjos que actúan en su carácter es el X. En su caso este arcano indica una corriente evolutiva que sólo puede beneficiarle con una gran lógica y un juicio sano y equilibrado. Esta aportación, pues, le es favorable.

Al animar y reforzar sus sentimientos, le permite liberarse de su destino sometiéndolo a su libre albedrío.

Es usted capaz de superar todas las dificultades que la vida le plantee y, aunque es cierto que la razón no siempre domina las primeras reacciones, con el tiempo sabrá obtener las enseñanzas positivas de su trayecto.

Sólo le queda aprender a volver atrás algunas veces y dirigir una mirada y un juicio sin complacencia a su pasado, cosa que le beneficiará para el futuro, aunque tenga que olvidar el sabor de la amargura o superar el recuerdo de algunas vicisitudes.

Arcano XI

El arcano del que nacen los influjos que actúan en su carácter es el XI. Este arcano revela una gran fuerza de carácter, que debería influir de forma favorable en el potencial de su personalidad, dotándole, en primer lugar, de una facultad de juicio capaz de distinguir lo cierto de lo falso, lo útil de lo inútil, lo necesario de lo superfluo.

No desconfíe de sus pasiones, pues sus influjos le permiten dominar, y obtendrá fuerza y serenidad del afecto.

Este arcano refuerza su voluntad de hacer frente a los acontecimientos y de plegarlos a su voluntad según lo que le parezca justo. Este razonamiento le proporcionará una gran libertad de espíritu y, junto a la autoridad que le ofrece, le permitirá atreverse a todo en la vida.

El escollo a evitar: abusar de la propia fuerza o confundir autoridad y dominación. No dude en someter constantemente a su razonamiento sus propios actos y aspiraciones. Recuerde que la única fuerza verdadera es aquella que es fruto de los esfuerzos y se puede dominar de forma permanente.

Arcano XII

El arcano del que nacen los influjos que actúan en su carácter es el XII. Le concede una fuerza mesurada que neutraliza las contradicciones que, como en todo ser, se manifiestan en usted. De ello se desprende una gran sensatez que aporta mucho equilibrio a sus elecciones y decisiones, aunque corre el riesgo de que su entorno entienda esta cualidad como una falta de determinación.

Es cierto que la experiencia adquirida constituye un saber que le conduce a ser muy prudente en sus manifestaciones esenciales y que sopesar los pros y los contras de cada cosa no puede arrastrarle a sufrir las consecuencias de decisiones tomadas de forma prematura e irreflexiva.

Si es usted fogoso e impulsivo, dispone de un buen refuerzo para corregirse. En cambio, si su personalidad es ya tranquila y ponderada, nunca será el líder de la banda. Pero más vale contar con el saber y la reflexión que con meras ilusiones.

Arcano XIII

El arcano del que nacen los influjos que actúan en su carácter es el XIII. Tranquilícese, contrariamente a lo que dice una leyenda muy extendida, este arcano no es en modo alguno portador de maleficios. Es más, conviene asimilarlo al principio transformador universal que permite a toda persona iluminarse y llegar así a la perfecta madurez.

Esta facultad aporta grandes facilidades y mucho acierto en la comprensión de las cosas y la asimilación de los conocimientos humanos.

Lejos de usted el error, la ignorancia y la mentira; alcanzará la verdad y la plenitud.

Este influjo le ayudará a desprenderse de las bajas limitaciones materiales para elevar su pensamiento hacia ámbitos más relacionados con su tacto y sensibilidad.

Arcano XIIII [3]

El arcano del que nacen los influjos que actúan en su carácter es el XIIII. Le proporciona un carácter templado y una mente abierta.

Al abordar un problema, hágalo sin pasión, sopesando los pros y contras.

Su ánimo conciliador le permite siempre hallar solución en los negocios, aunque ignore la salida, y el éxito coronará sus iniciativas.

En el plano afectivo, sus influencias pueden llevarle a buscar en su pareja más las afinidades que la pasión. En tal caso, no por ello será menos feliz, pero ni uno ni otro tendrán la posibilidad de expresarse de forma total.

Arcano XV

El arcano del que nacen los influjos que actúan en su carácter es el XV, que influye en su personalidad, pero de forma contradictoria: o bien le permite alcanzar el éxito cogiendo las riendas de su destino, es decir, haciendo los esfuerzos necesarios y apelando a la razón, o bien le abandona a la fatalidad. Es para usted positivo y negativo, y sólo los demás aspectos de su carácter le permitirán afirmarse.

En última instancia, se trata de un influjo neutro. Este arcano sólo es el destino, la fatalidad; por lo tanto, no se demore mucho en él y vuelva a la casilla de salida.

---

3. Ocurre lo mismo que en el caso de los arcanos IIII y VIIII, en cuanto a la notación simbólica del tarot.

Arcano XVI

El arcano del que nacen los influjos que actúan en su carácter es el XVI, que influye en su personalidad, pero de forma contradictoria: le cubre de cualidades (franqueza, lealtad, valor, pasiones, honor), pero, al mismo tiempo, le pone en guardia contra las efímeras construcciones de los hombres, que siempre se destruyen, aunque se reconstruyan sin cesar. Un arcano, en definitiva, que sólo puede inspirarle la prudencia en todas sus iniciativas.

Debe añadir sentimiento a los grandes principios, por muy nobles que sean, y, sobre todo, mucho realismo en la comprensión de lo cotidiano; de esta manera evitará grandes ilusiones y tal vez incluso el fracaso de sus empresas.

En efecto, si quiere emprender demasiado, puede dejarse llevar por el orgullo y el egoísmo, y perseverar en cierta vía que sólo le conducirá al fracaso. Por lo tanto, tiene que controlar esa necesidad de iniciativa y dominación que sus influjos disimulan. Procure añadir su inclinación a interesarse y sacrificarse por los demás.

Arcano XVII

El arcano del que nacen los influjos que actúan en su carácter es el XVII, que le aporta un fondo de paz, esperanza y belleza. En efecto, este influjo le proporciona una fuerza y una calidez que no se manifestarán de pronto, sino que tendrá que aprender a dominar. Para ello, también se le ha dado una gran inspiración. A usted le corresponde hallar el equilibrio y encanto que permita proyectar y hacer realidad sus esperanzas.

Sean cuales sean los aspectos negativos de su personalidad, este arcano no sólo contrarrestará los malos efectos, sino que se opondrá a ellos para alcanzar una perfecta armonía. ¡Sígalo!

Arcano XVIII

El arcano del que nacen los influjos que actúan en su carácter es el XVIII, que influye en su personalidad de forma contradictoria: le cubre de cualidades (justo, íntegro, amante de la verdad, riguroso en sus principios), pero, al mismo tiempo, le pone en guardia contra los sentimientos turbios, los sueños quiméricos y el error en la acción. Así pues, se trata de un arcano que sólo puede inspirarle la prudencia en cualquiera de sus actos.

En realidad, puede considerar sus influjos como neutros y felicitarse de que le inciten a la prudencia y le den cierta imaginación, a través de la cual ejercerá una gran influencia.

Arcano XVIIII[4]

El arcano del que nacen los influjos que actúan en su carácter es el XVIIII. Este arcano influye en su personalidad concediéndole cierta elevación de pensamiento y muchos grandes sentimientos.

Asociado a las imágenes de la memoria y la inteligencia humanas, simboliza lo amable, oscuro y modesto. ¡Es demasiado, pensará! No, pues a usted le corresponde adaptar estas cualidades a su personalidad y aprovecharlas. Así tal vez pueda mostrar esa abnegación que se espera de usted y proyectar a su alrededor su personalidad. Normal, puesto que su arcano es el Sol.

Arcano XX

El arcano del que nacen los influjos que actúan en su carácter es el XX, que influye en su personalidad ofreciéndole la posibilidad de examinar retrospectivamente su conducta, cada uno de sus actos y sentimientos, y de emitir sobre ellos un juicio seguro y constructivo. Una forma positiva de evolucionar mejorando. En cualquier caso, cabe esperar mucho equilibrio.

Pero evite que, en función de los rasgos de su carácter, le oriente hacia una vida vegetativa que le sitúe como ejemplo para todos los ratones de biblioteca, a menos que tenga vocación para la compilación y la clasifica-

---

4. Ocurre lo mismo que en el caso de los arcanos IIII, VIIII y XIIII. Se trata de la notación tradicional del tarot, que subraya el progreso en el camino iniciático.

ción. En caso afirmativo, debería obtener el saber necesario para beneficiar a su entorno, adornado con su sagacidad.

Arcano XXI

El arcano del que nacen los influjos que actúan en su carácter es el XXI. Este arcano influye en su personalidad, ¡y de qué forma! Tiende a llevarle al equilibrio perfecto, al dominio completo de su propia persona en una plenitud resplandeciente. Esto podría hacerle egocéntrico y demasiado seguro de sí mismo. Y sin embargo, tendería a llenarle de un sentimiento de amor altruista, es decir, ni egoísta ni sensual.

Símbolo de la astronomía, las matemáticas y la geografía, este arcano le orienta hacia la humanidad y la perfección, la de los poetas y artistas que juegan con las palabras como con el mundo.

Por ello, tome este influjo como una experiencia y conviértalo en la pieza maestra de su personalidad: es el éxito asegurado de sus empresas...

Arcano XXII[5]

El arcano del que nacen aquellos influjos que actúan en su carácter es el XXII. Este arcano influye en su personalidad y a menudo se interpreta muy mal porque sólo se juzga por las apariencias.

Y la sabiduría que manifiesta, la indiferencia reflexiva que proporciona con respecto a la mediocridad, demasiado cotidiana, el rechazo de las limitaciones que imponen las reglas establecidas y las certezas gratuitas de los seres humanos, rechazo que atestigua permitiéndole seguir su lento camino, son percibidos a menudo como despreocupación, e incluso como inconsciencia, por quienes no saben nada de la vida salvo realizarse en las mediocridades y los tópicos cotidianos. Así pues, deje que hablen y siga su camino con filosofía. ¡Usted está en lo cierto!

---

5. La carta a la que se atribuye tradicionalmente este número es la del Loco, aunque en realidad es el único arcano mayor que no lleva ninguna cifra en su representación gráfica.

El número de las vocales del nombre y de los apellidos

El número de las vocales del nombre y de los apellidos desvelará sus inclinaciones, su motivación, la fuente de su determinación y de sus decisiones personales. Este número que va a descubrir, que también recibe el nombre de *introdeterminación*, se sitúa entre 1 y 9. No obstante, tendremos en cuenta el valor del número oculto antes de la reducción teosófica.

En las páginas siguientes hallará una interpretación no exhaustiva acerca del número reducido de introdeterminación.

Para calcular este número, hay que sumar todas las vocales del nombre y de los apellidos.

- *Ejemplo*

```
B R I G I T T E    M E S N A R D
  9   9       5      5       1
     23        +         6         = 29 = 11
```

Mi número de introdeterminación es el 11, que no se reduce (no obstante, véase la interpretación en 2 reforzado); el 29 es mi número oculto.

Introdeterminación 1

La fuente de su introdeterminación y de sus decisiones personales se sitúa en el número 1. Representa su voluntad, su energía y su creatividad, que refuerzan o corrigen su carácter y le ofrecen la posibilidad de distinguirse por su originalidad. Desprecia las pequeñas bajezas, por desgracia a veces cotidianas, para seleccionar de la vida sólo lo esencial.

Su seguridad innata le invita al mando e inspira confianza a su entorno, que aprecia su sociabilidad y sus cualidades subyacentes, cualidades que pueden llevarle a defender el ideal que le parezca justo o a cumplir su destino confiando sólo en sí mismo, sea cual sea la opinión de los demás.

No descuide a quienes le rodean y procure que la fuerza que vibra en su interior no justifique el desprecio por los demás, ni una suficiencia que le llevaría a la soledad y, tal vez, a fracasar en la vida.

Introdeterminación 2

La fuente de su introdeterminación y de sus decisiones personales se sitúa en el número 2. Representa su sociabilidad, su alegría de vivir y su espíritu jovial, características reforzadas o corregidas por los rasgos de su carácter y que le dan la posibilidad de distinguirse por su sentido del humor, su atención hacia los demás y su sensibilidad.

Su habilidad para negociar y buscar el equilibrio le invita a aplicar las normas y las obligaciones cotidianas a través de la persuasión y la comprensión, pero puede conllevar también falta de autoridad, si no incluso de severidad.

Sus cualidades pueden conducirle a cierta dejadez ante sus responsabilidades o a un juicio demasiado indulgente, y cuando se da cuenta de ello, busca un punto de apoyo, corriendo el riesgo de dejarse dominar o de ocultar dicha debilidad saliéndose por la tangente con gran habilidad. Esta actitud divierte a su entorno, pero usted no se deja engañar y sufre.

Introdeterminación 3

La fuente de su introdeterminación y de sus decisiones personales halla su origen en el número 3, el cual atestigua gran afectividad y rigor en su comportamiento y sus pensamientos. De él nace mucha objetividad, voluntad y sangre fría, que sus características refuerzan o corrigen, aunque no duda en aparentar indolencia o pasión según las circunstancias, pero sin perder nunca de vista la idea que tiene de sí mismo y el objetivo que persigue.

Sus cualidades pueden llevarle a un exceso de rigor en el comportamiento y a exigir demasiado a los demás, con el riesgo de rozar la manía y la intransigencia. Esta exigencia intelectual le acarrea soledad, y usted puede ser víctima de un espíritu demasiado crítico hacia los demás. Por lo tanto, no dude en relajarse y en dominar su impaciencia dejando para mañana lo que crea tener que hacer, contra viento y marea, en el día mismo.

Considere a quienes le rodean no sólo en función de su propio juicio, sino de las cualidades y defectos que poseen. No busque en ellos su propia imagen, sino lo que puedan aportarle, que resulta necesario para su equilibrio. Entonces logrará que se aprecien la riqueza de su mente y la fuerza de su personalidad, sin superficialidad y con gran elocuencia.

Introdeterminación 4

La fuente de su introdeterminación y de sus decisiones personales se sitúa en el número 4. Representa la solidez de sus sentimientos, la concordancia entre sus acciones y su pensamiento, la paz interior que reina en usted y se refleja en su comportamiento. Este equilibrio interno, vinculado a una moralidad irreprochable, puede hacerle parecer un tanto hipócrita (aunque nunca intenta fingir un comportamiento recto), o al menos una rígida beata que con demasiada frecuencia manifiesta una fe ciega en sus creencias. Por lo tanto, debe aprender a rectificar su juicio, a comprender que su equilibrio es a menudo el resultado de largas vacilaciones y que confirma su confianza en sí mismo y en su intuición.

Sus cualidades pueden llevarle a distanciarse demasiado de los acontecimientos cotidianos y a desarrollar una actividad muy lenta, inferior a lo que su temperamento y voluntad le capacitan. Ya que desborda vitalidad, adapte su razonamiento. Evite los cambios bruscos y no salte de una actitud pasiva a un exceso de actividad.

Su introdeterminación le ayuda a relacionar su equilibrio mental con su comportamiento y forma de ser. Usted inspira confianza por su actitud y el valor de sus sentimientos. Actúe en consecuencia.

Introdeterminación 5

La fuente de su introdeterminación y de sus decisiones personales se sitúa en el número 5. Representa su vitalidad, su dinamismo y su espíritu de observación. Su flema oculta con bastante frecuencia cierta inquietud ante los acontecimientos, inquietud que ahoga actuando. Poco emotivo, esconde una voluntad que a veces puede llegar a contrastar considerablemente con los rasgos dominantes de su carácter.

Su razonamiento debería basarse en la observación y proporcionarle la facultad de adaptarse con facilidad a distintos contextos, de comprender los problemas más diversos que puedan planteársele. No obstante, debe aprender a controlar esta facultad y conocer sus límites. Aunque es apreciada por su entorno, no le hace indispensable, y los demás pueden prescindir de su perspicacia.

Introdeterminación 6

La fuente de su introdeterminación y de sus decisiones personales se sitúa en el número 6. Representa, ante todo, su sentimentalismo, su amor por las cosas bellas y los buenos modales y una gran generosidad, que los rasgos de su carácter refuerzan o corrigen.

Desde lo más hondo de sí mismo los deseos se manifiestan con efervescencia, pero la fuerza del amor que desborda los domina y los utiliza con gran inteligencia. No obstante, procure que no le arrastren a malas ambiciones o a pasiones demasiado fáciles, cosa que podría perjudicar a su equilibrio.

Introdeterminación 7

La fuente de su introdeterminación y de sus decisiones personales se sitúa en el número 7. Este denota la aplicación y tenacidad de un temperamento de realizador. Usted prepara con mucha paciencia y perseverancia cualquier paso antes de darlo.

Posee una gran intuición, que nada tiene de fortuito y que debe mucho a su sentido de la observación y a su interés por comprender todo lo que le ocurre y a las personas que le rodean. Aunque posee enormes cualidades prácticas, es realista, tiene conciencia del movimiento de la vida y sabe evolucionar con ella, le falta, no obstante, inspiración. Su problema: superar la formulación de las ideas ajenas y dar muestras de creatividad.

Introdeterminación 8

La fuente de su introdeterminación y de sus decisiones personales se sitúa en el número 8. Representa su clarividencia y su perspicacia, que refuerzan o corrigen los rasgos de su carácter y le dan la posibilidad de distinguirse por la fuerza de su personalidad, que se manifiesta al margen de toda influencia o ataque.

A veces estas cualidades pueden llevarle a cierta sequedad en su actitud hacia su entorno. Por ello, evite ser demasiado estricto con los demás, pues un poco de cortesía y amabilidad le beneficiarán, aumentarán su personalidad.

Introdeterminación 9

La fuente de su introdeterminación y de sus decisiones personales se sitúa en el número 9. Representa su dinamismo y su sensorialidad. El primero, importante, y la segunda, menos perceptible, refuerzan o corrigen los rasgos de su carácter y le dan la posibilidad de armarse de una inteligencia tal vez perfeccionista, pero siempre orientada hacia la verdad, o al menos hacia los caminos que llevan a ella.

Esta introdeterminación le conduce a utilizar con mucha inteligencia y eficacia los principales rasgos de su carácter, no para tratar de brillar o incluso para satisfacerse con poco (a usted le corresponde apreciar sus cualidades en su justo valor), sino para alcanzar un buen conocimiento de los problemas que se le plantean antes de encontrar una solución adecuada. Emana de lo más hondo de sí una lógica y una gran prudencia que nada deben a la desidia o la pasividad.

El número de las consonantes del nombre y de los apellidos

El número de las consonantes del nombre y de los apellidos corresponde a las cualidades que desplegamos con respecto a los demás, ya sea en la vida activa, ya en las relaciones sociales.

Este número se denomina también *extrodeterminación* y se sitúa del 1 a 9. No obstante, como para la introdeterminación, tendremos en cuenta el número oculto antes de la reducción teosófica.

Para calcular ese número, hay que sumar todas las consonantes del nombre y de los apellidos.

- *Ejemplo*

```
B R   I G I T T E      M E S N A R D
2 9     7   2 2        4   1 5   9 4
    22            +         23           = 45 = 9
```

Mi número de extrodeterminación es el 9, derivado del 45, el número oculto.

Extrodeterminación 1

Su extrodeterminación se caracteriza por el número 1.

Las tendencias de este número marcan tanto su vida activa y social como su vida afectiva.

La primera se ve favorecida por una capacidad de trabajo que sólo es comparable con su ambición por ser el primero y dominar a su entorno. Su deseo de alcanzar el éxito destaca por encima de todo, incluso por encima de los sentimientos de amor o amistad.

El deseo de brillar se manifiesta también en su vida afectiva y en sus relaciones personales.

Sólo se muestra sociable si maneja los hilos, cosa que para usted, en realidad, es bastante fácil. No obstante, evite excederse o tranquilizar a los demás con una falsa humildad.

Desde el punto de vista afectivo, más le vale a su compañera, o a su compañero, armarse de paciencia y saber ceder ante sus deseos, que con demasiada frecuencia son sinónimo de órdenes. Esperemos que los principales rasgos de su carácter dominen todos estos impulsos, pues, de lo contrario, representarán una dictadura para los demás, con todos los problemas de orden psicológico que conlleva.

Extrodeterminación 2

Su extrodeterminación se caracteriza por el número 2.

Las tendencias de este número marcan tanto su vida activa y social como su vida afectiva.

La primera se ve favorecida por su inteligencia intuitiva y su necesidad de colaboración. No busque puestos de mando solitarios, pues no le convienen demasiado, si no es que se ven favorecidos por las raíces profundas de su carácter.

La función de asesor, e incluso de consejero en la sombra, seduce mucho más a su espíritu persuasivo, que sabe expresarse hasta en las situaciones más delicadas.

Estaría a gusto en la función de mediador. Usted es de esas personas ante las que los demás se sinceran y de las que esperan un consejo. En efecto, la impresión que sabe dejar en otros, sean cuales sean los rasgos de su carácter, es la de un personaje atento a los problemas de su prójimo. Aunque a veces esta atención sea sólo aparente, resulta suficiente para que su tranquilidad no se vea perturbada.

Si sabe ser sincero en el amor, su pareja vivirá al borde de la felicidad, tanto si es sensual como sentimental.

Extrodeterminación 3

Su extrodeterminación se caracteriza por el número 3. Las tendencias de este número marcan tanto su vida activa y social como su vida afectiva.

La primera debe ser ante todo el resultado de una profunda motivación. Usted aprecia toda novedad por etapas, sin descuidar detalle alguno.

Tiene madera de jefe, de dirigente, aunque sabe ser discreto acerca de sus cualidades y confía en su mano izquierda para hacerse valer en la justa medida.

Su fuerza de carácter y su elevación de pensamiento le permiten parecer muy sociable. El dominio de sí mismo, que puede manifestar en todo momento, le da una talla que es apreciada e incluso buscada, lo que facilita sus relaciones y aleja los pequeños conflictos, en los que otros se complacen con demasiada frecuencia. Su tranquilidad se transmite a sus sentimientos y, aunque a veces no desdeña los placeres fáciles, los aprecia sin rodeos ni vicios.

Al amor sencillo pero intenso le añade un ánimo atento al comportamiento de su pareja. Su suerte: amar y ser amado.

Extrodeterminación 4

Su extrodeterminación se caracteriza por el número 4. Las tendencias de este número marcan tanto su vida activa y social como su vida afectiva.

La primera no está a la altura de su voluntad. Si se conforma con la honorabilidad de estar por encima de la media, aunque no se sienta satisfecho en un puesto subalterno, puede no llegar hasta un lugar de mando. Debería mostrarse afectuoso y sensorial.

Su vida afectiva debería alcanzar su plenitud en el seno de la familia, donde se siente cómodo y abrigado. Dado que no presenta el defecto de la posesividad de otros, se le aprecia aún más. ¡Sea feliz! Sobre todo, porque sabe destacar por unos accesos agradables en sociedad, donde se aprecia la regularidad de sus sentimientos y de su razonamiento, metódico y completo sin buscar la superioridad.

Necesita la tranquilidad y la seguridad en su entorno. Confíe más en sus esfuerzos que en su suerte para conseguirlas.

Extrodeterminación 5

Su extrodeterminación se caracteriza por el número 5. Las tendencias de este número marcan tanto su vida activa y social como la afectiva.

Su vida profesional debería verse favorecida por su enfoque práctico de la realidad y su necesidad de ampliar sus conocimientos sin cesar.

Está predispuesto para el mando, pues sabe comunicar a los demás su experiencia, comprender sus dificultades, escuchar sus quejas y encontrar la solución idónea para cada problema.

Este comportamiento se manifiesta también en su vida social, ámbito en el que su equilibrio tranquiliza e infunde seguridad. Sabe ser solícito con los demás. No obstante, evite caer en la sensiblería, pues podría hacer el ridículo.

Su vida afectiva está muy marcada por la solidez de sus sentimientos, que desarrollará en el respeto del hogar y la familia.

Evite las situaciones escabrosas, a las que no está destinado y en las que perdería su hermoso equilibrio.

Extrodeterminación 6

Su extrodeterminación se caracteriza por el número 6. Las tendencias de este número marcan considerablemente tanto su vida activa y social como su vida afectiva.

La primera se ve favorecida por la ambición. Prefiere los retos a las cosas fáciles, porque le permiten realizarse.

Es el mejor medio del que dispone para obtener la fama que tanto anhela en su fuero interno.

Este deseo de celebridad se manifiesta también en su vida afectiva y social. Posee un potencial admirable de abnegación y sacrificio, y como además maneja con naturalidad y gracia sus sentimientos y es generoso, constituye un personaje atractivo.

No obstante, desconfíe de un exceso de ambiciones y de su tendencia a mariposear, porque sólo podrían llevar desorden a su vida y a la de su pareja, si es que ya la tiene.

Extrodeterminación 7

Su extrodeterminación se caracteriza por el número 7. Las tendencias de este número marcan tanto su vida activa y social como su vida afectiva, que, en su comportamiento, refuerzan o modifican los grandes rasgos de su carácter.

Su vida activa se ve favorecida por la paciencia, la perseverancia y la tendencia que muestra a no echarse atrás ante los trabajos más difíciles.

Debería tener éxito en todo aquello que requiera mucha competencia y conocimientos, ya tanto manuales como intelectuales, o en las profesiones que conllevan numerosos desplazamientos.

Valora mucho el sentimiento de la amistad, pero no le gusta sentirse atado durante demasiado tiempo. Rehúya vivir demasiadas aventuras sentimentales y desconfíe de complacerse en ellas, puesto que el espíritu de independencia que le anima podría conducirle pronto a la soledad.

Extrodeterminación 8

Su extrodeterminación se caracteriza por el número 8. Las tendencias de este número marcan tanto su vida activa y social como su vida afectiva.

La primera se ve favorecida por la satisfacción que experimenta en todas las acciones que emprende y por el equilibrio que manifiesta entonces. Le gusta el trabajo en el que se encuentra en contacto directo con la inteligencia de la vida y de la naturaleza. La agricultura, el campo y la caza serían las ocupaciones que mejor corresponderían a su extrodeterminación.

Su vida social y afectiva está marcada por su humanismo y por una mente lúcida, a veces demasiado rigurosa, que puede hacerle pasar por un personaje implacable. ¿La razón? ¡Sí! ¿La inteligencia? ¡A menudo! Pero comprenda que tanto el amor como la amistad reclaman algo más.

Extrodeterminación 9

Su extrodeterminación se caracteriza por el número 9. Las tendencias de este número marcan tanto su vida activa y social como su vida afectiva.

La primera se ve favorecida por su aptitud para desarrollar un trabajo relacionado con lo audiovisual, o simplemente que requiera mucha reflexión y calma. Y es que, si es necesario, sabe dominar su temperamento y mostrar gran calma y circunspección.

Su extrodeterminación se inspira en las pasiones del amor y en una gran sed de comunicación. Por ello, es un ser no sólo sociable, sino también lleno de buena fe y de sinceridad en sus sentimientos. A usted le corresponde escoger a sus amigos y ser feliz en el amor.

El arcano de los apellidos

El arcano de su patronímico traduce la influencia de las ascendencias familiares en su comportamiento. Este número de ascendencias familiares corresponde a un número situado entre 1 y 22 y se obtiene sumando entre sí todos los componentes numéricos (vocales y consonantes) de los apellidos.

• *Ejemplo*

M	E	S	N	A	R	D	
4	5	1	5	1	9	4	= 29 = 11

El 11 es mi número de ascendencias familiares, derivado del 29, mi número oculto.

Las ascendencias familiares

• Resultante del arcano I, la herencia de sus ascendientes le permite dominar la materialidad cotidiana con sus cualidades espirituales. Por ello, si sabe apreciar cada acontecimiento con sabiduría, preservará su equilibrio psíquico y pondrá de manifiesto un gran dominio de su comportamiento en todas las circunstancias.

• Resultado del arcano II, la herencia de sus ascendientes no le incita a exteriorizar las riquezas que posee de forma inconsciente. No obstante, le aportan mucha intuición y una gran comprensión de los fenómenos de la naturaleza. Le conceden una gran fuerza para entender la vida cotidiana y mucha seguridad. Desconfíe, sin embargo, de cierta gravedad en su comportamiento.

- Como resultado del arcano III ha heredado de sus ascendientes una calma armoniosa y un gran equilibrio. Y, aunque en usted dominan las pasiones, sabe controlarlas con su inteligencia y espíritu práctico.

- Resultado del arcano IIII, ha heredado de sus ascendientes una inteligencia equilibrada a la que, no obstante, no siempre recurre para ir más allá del marco utilitario. También ha heredado una salud sin problemas, siempre que evite la abundancia de humor y de sangre en su organismo.

- Ha heredado de sus ascendientes, como resultado del arcano V, el respeto de las tradiciones, ya sean religiosas, ya profanas. Por ello, se remite de forma espontánea a sus enseñanzas y no trata de transgredir sus leyes.

- Al hacer referencia al arcano VI, sus ascendientes le aportan un temperamento lleno de deseos, con una fuerte tendencia al amor, ya sea espiritual, ya maternal; sus ascendencias le honran con un espíritu de gran abnegación, dispuesto a cualquier tipo de sacrificio.

- A través del arcano VII, ha heredado de sus ascendientes el conocimiento de la función superior de su propia inteligencia, tanto en la realización de lo que emprenda como en el dominio de sus pasiones. Encuentra en ella el origen de la dinámica que le arrastra y le obliga a una actividad incesante.

- Como resultado del arcano VIII, ha heredado de sus ascendientes una claridad de juicio poco común. Sabe apreciar el valor de cualquier acto, tenerlo todo en cuenta y apreciar como es debido las eventualidades.

- Por medio del arcano VIIII, ha heredado de sus ascendientes una gran sabiduría y sabe callar sus cualidades y manifestar una gran prudencia en sus juicios, no por temor, sino por honradez intelectual.

- A través del arcano X, ha heredado de sus ascendientes la noción de su libre albedrío para dirigir su destino como quiera. Ello le da una posibilidad real de evolución, tanto material como moral, y poder de realizarse totalmente. Del mismo modo, atenúa los aspectos negativos de su personalidad.

- Resultante del arcano XI, ha heredado de sus ascendientes un gran dominio de sí mismo y una gran voluntad, que manifiesta sin ningún tipo de violencia. Guía sus actos a la luz de la inteligencia y consigue, en consecuencia, ser muy eficaz.

- A través del arcano XII, ha heredado de sus ascendientes el espíritu de sacrificio, la abnegación y la capacidad de replantearse las cosas, en espera perpetua de una nueva situación en su vida. Pero un exceso de indecisión y la falta de determinación pueden frenar su deseo de conocer experiencias nuevas y de posible realización.

- Como resultado del arcano XIII, ha heredado de sus ascendientes un espíritu de renovación, acción y progreso. Sabe librarse de las ideas y cosas que considera anticuadas sin renegar, no obstante, totalmente de ellas, pues conserva toda su experiencia positiva.

- A través del arcano XIIII, ha heredado de sus ascendientes un pronunciado espíritu de conciliación y un razonamiento libre de toda pasión, así como una gran paciencia y una espléndida capacidad para adaptarse a las circunstancias.

- A través del arcano XV, ha heredado de sus ascendientes una fuerza de voluntad que le permite enfrentarse enérgicamente a los acontecimientos. Gracias a esta fuerza, posee una gran influencia en los demás. No obstante, muéstrese prudente ante los éxitos efímeros.

- Gracias al arcano XVI, ha heredado de sus ascendientes una gran perseverancia. Si va más allá de las acciones efímeras que parecen arruinar todas las esperanzas y ambiciones, podrá sacar el mejor partido de su saber y experiencia.

- A través del arcano XVII, ha heredado de sus ascendientes una mente ordenada con grandes fuentes de inspiración. La armonía que reina en usted consigue aportar consuelo a su alrededor. Es sinónimo de paz, esperanza y belleza.

- A través del arcano XVIII, ha heredado de sus ascendientes la fuerza y la potencia creativa del sueño, pero debe desconfiar de esta facultad de escapar a la materialidad de las cosas humanas, pues el sueño puede arrastrarle a la ilusión y al mundo de las quimeras.

- Por medio del arcano XVIIII, ha heredado de sus ascendientes una psicología llena de fuerza y plenitud, que le proporciona una elevación de pensamientos y una actitud mesurada y reflexiva que siempre podrán serle de gran ayuda para alcanzar el éxito.

- A través del arcano XX, ha heredado de sus ascendientes una salud excelente y un gran equilibrio. Tiene usted el sentido de lo concreto, sabe atender a sus pensamientos y acciones con lucidez para sacar provecho y mejorar en función de su propio juicio.

- A través del arcano XXI, ha heredado de sus ascendientes un gran equilibrio mental, que le proporciona una fuerte tendencia a la perfección que garantiza el éxito en todo lo que emprenda. Además, posee los medios para amar, incluso sin esperar nada a cambio, y mostrarse generoso sin ser interesado.

- Resultante del arcano XXII, ha heredado de sus ascendientes un ánimo desinteresado que sabe desdeñar los honores y los bienes materiales de este mundo. Su inteligencia le permite avanzar sin preocuparse por las mezquindades cotidianas. Puede ser un filósofo en el sentido más puro, con un gran distanciamiento respecto a los valores recibidos.

El arcano del nombre

El arcano del nombre revela las principales características de la forma de ser. Se basa en el mismo principio de cálculo que el aplicado para el arcano de los apellidos.

• *Ejemplo*

B	R	I	G	I	T	T	E	
2	9	9	7	9	2	2	5	= 45 = 9

Arcano del nombre: 9.
Número oculto: 45.

La forma de ser

• Respondiendo al arcano I, su nombre revela en su forma de ser cierta tendencia a la dispersión a la hora de actuar, pero, pese a sus vacilaciones, su incerteza ante los acontecimientos y su ánimo indeciso, sabe mostrarse muy generoso y posee una naturaleza servicial y, en consecuencia, también muy apreciada.

• Respondiendo al arcano II, su nombre revela en su forma de ser cierta tendencia a la frialdad. Y, aunque es de naturaleza amistosa y acogedora, no concede su afecto con facilidad.

• Respondiendo al arcano III, su nombre revela en su forma de ser mucha ponderación. Lleva en sí la esperanza y el equilibrio. Sabe utilizar su pensamiento de forma fecunda y creativa. Su aparente placidez oculta una poderosa capacidad de actuación.

- Respondiendo al arcano IIII, su nombre revela que es una persona de sentimientos sólidos. Su temperamento, aunque demasiado a menudo le empuja a emprender acciones fugaces y sin permanencia, ofrece una imagen de calma. Tiene una inteligencia pragmática y genera paz y entendimiento en su entorno.

- Respondiendo al arcano V, su nombre revela, como rasgo de su carácter, una verdadera tendencia a la lógica. Alimenta sentimientos hondos y ofrece mucho afecto, pero no por ello confunde los sentimientos con el sentimentalismo.

- Respondiendo al arcano VI, su nombre revela en su forma de ser una fuerte tendencia a la sensibilidad, lo que significa que está dispuesto a entregarse a la más alta espiritualidad. Le gustan los buenos modales. Cuando alguien le necesita, puede contar con usted, y, en función de las circunstancias, accede con facilidad a realizar los sacrificios que se esperan de usted.

- Respondiendo al arcano VII, su nombre revela que es una persona que ofrece mucho afecto y una actitud un tanto protectora, aunque también impregnada de una gran obsequiosidad. Por otro lado, se muestra muy rápido a la hora de actuar.

- Respondiendo al arcano VIII, su nombre revela en su forma de ser un rigor excepcional, aunque corre el riesgo, en ocasiones, de parecer demasiado estricto. No obstante, sabe evaluar con justicia todas las situaciones y sus consejos son muy apreciados.

- Respondiendo al arcano VIIII, su nombre revela, como rasgo de su forma de ser, una inquietud constante por conocer la verdad, sobre sí mismo, pero también sobre todas las cuestiones que se le plantean. El resultado es una actitud solícita y llena de sensatez.

- Respondiendo al arcano X, su nombre revela que es una persona de razonamientos lógicos, lo cual le permite tener una actitud equilibrada y una vida regular. Sabe que todo pasa y, por ello, cree en la evolución de la vida y en que siempre se producirán cambios afortunados.

- Respondiendo al arcano XI, su nombre revela que actúa en la vida con la voluntad de vencer las dificultades. Sabe dominar las circunstancias cuando está seguro de sus derechos. Muestra mucha claridad en su juicio y sabe separar el grano de la paja.

- Respondiendo al arcano XII, su nombre revela que, aunque aprende de las experiencias pasadas y es capaz de replantearse su vida en consecuencia, en ocasiones adolece de falta de determinación y de una gran indecisión que le impiden concluir su evolución mediante nuevos proyectos.

- Respondiendo al arcano XIII, su nombre revela en su forma de ser una tendencia a la dispersión en cuestiones sentimentales, pero también la inquietud de renovar hábitos e ideas. Se halla sujeto a cambios que dependen de la reflexión y la experiencia.

- Respondiendo al arcano XIIII, su nombre revela que posee un espíritu de templanza. Sabe ver tanto los aspectos positivos como los negativos de todas las cosas y hallar las soluciones necesarias en cada caso.

- Respondiendo al arcano XV, su nombre revela una actitud muy personal: actúa en función de su propia voluntad, sin tratar de justificar con ningún apriorismo la legitimidad de sus actos. Le gusta desplegar una gran actividad y diversificarla al máximo, pero sin preocuparse demasiado por los demás. Conquista y triunfo son sus atributos, pero tenga cuidado, las cosas podrían cambiar.

- Respondiendo al arcano XVI, su nombre revela que es una persona con tendencias dominantes que, aunque podrían conducirle a algunos fracasos y a ser rechazada por su entorno, en realidad no harán sino confirmar su voluntad de realizarse y de aprender de la experiencia.

- Respondiendo al arcano XVII, su nombre revela que posee una fuerza tranquila hecha de inspiración y equilibrio. Por otro lado, desprende cierto encanto, moral o físico, que atrae a quienes le conocen o a quienes se acercan a usted por primera vez.

- Respondiendo al arcano XVIII, su nombre revela en su forma de ser una propensión a las creaciones imaginativas. Aunque puede distinguirse en ellas una imagen de la realidad, a menudo sólo es un reflejo que puede llevarle al espejismo. Por lo tanto, una a esa cabeza en las nubes dos pies bien apoyados en el suelo.

- Respondiendo al arcano XVIIII, su nombre revela, como rasgo de su carácter, que su actitud está guiada por grandes sentimientos. Mucho afecto, abnegación y aptitudes para el éxito le conducirán al triunfo en todo lo que emprenda.

- Respondiendo al arcano XX, su nombre revela que es alguien con grandes deseos de elevación a través de la espiritualidad y la inteligencia. No se hace ilusiones sobre sí mismo, y la valoración justa de su potencial físico, moral e intelectual le da una gran potencia creativa.

- Respondiendo al arcano XXI, su nombre revela que posee un dominio bastante excepcional de sí mismo. De su actitud se desprende una clara voluntad de elevación espiritual y los sentimientos que le animan. Posee una riqueza de inspiración que muchos le envidian y que sabe impregnar de amor y generosidad.

- Respondiendo al arcano XXII, su nombre revela en su forma de ser una despreocupación por comprender los acontecimientos cotidianos. Es usted capaz de seguir su camino poco a poco en medio de las bajezas de la vida hasta alcanzar el equilibrio.

Las pasiones, cualidades y defectos

Ya hemos calculado las vibraciones numéricas emitidas por el nombre y los apellidos, así como los números ocultos y el número reducido del carácter. Ahora conviene analizar los cocientes numéricos, es decir, detallar por completo cada letra y cada vibración numérica correspondiente del nombre y de los apellidos.

Gráfico de cocientes numéricos

Escriba en el siguiente gráfico, que incluye los 9 primeros números, los grados (las veces) de los números del 1 al 9 que componen su nombre y sus apellidos.

• *Ejemplo*

B	R	I	G	I	T	T	E	M	E	S	N	A	R	D
1	2	3	4	5	6	7	8	9						
2	3	0	2	3	0	1	0	4						

SU GRÁFICO PERSONAL
1 2 3 4 5 6 7 8 9
– – – – – – – – –

Interpretación

• El 1 representa la inteligencia, la personalidad brillante, las ambiciones, la autoridad, el dinamismo, la individualidad, el jefe, la independencia. Una armonía de 1 indica que, según los grados, es usted un líder, con grandes ideas, y sabe conservar cierta independencia intelectual. Sabe reservarse un espacio propio para encontrarse frente a sí mismo. Desprecia las ideas preconcebidas.

Su apariencia de seguridad genera confianza, sobre todo porque tiene una gran capacidad intelectual. Es un organizador de primera línea a quien le gusta dirigir y dar órdenes. No soporta bien una autoridad superior y se debilita si tiene que dejar sus poderes de decisión para conservar sólo una función de ejecutante. Posee un profundo sentido del análisis y de la crítica objetiva. Más vale no «patinar» delante de usted, ya que sería muy capaz de mostrar desprecio y ser intolerante. Cultiva el brillo de su personalidad tanto desde el punto de vista físico como intelectual y espiritual, y ha de mantener su rango en la sociedad.

En cuanto a su imaginación, con un buen grado de 3, será capaz de obras excepcionales en ámbitos clave.

No obstante, le cuesta aceptar las preocupaciones cotidianas, en particular si carece de 4 o de 8. Prefiere descargarse sobre los demás y, en eso, puede faltarle carácter, tomándose demasiado tiempo, holgazaneando y disfrutando de los placeres, sobre todo si tiene mucho 6 o 5.

Demasiado 1 sin 2 indica tendencias tiránicas, despóticas, mucho orgullo, egoísmo y ambición. Entonces resultan temibles sus ataques de ira, sus maquinaciones y sus cálculos.

* El 2 representa la indolencia, la dulzura, la necesidad de compañía, la interiorización, el colaborador, la madre. Si posee una buena armonía de 2, su naturaleza le empuja a ser pacifista. Amante de la calma, la tranquilidad y las luces tamizadas, no le gusta que le metan prisa. Su aparente pasividad le impide asumir riesgos y lanzarse a grandes aventuras, salvo si posee 1. Su imaginación es viva, activa y prolífica. Crea, medita, pero cuidado con la falta de concreción, salvo si posee 1 y 4.

Puede parecer indiferente, pues su timidez le frena. Sus cualidades no resultan visibles de inmediato. Es un colaborador nato, un excelente ejecutante, concienzudo en su trabajo. Velará por recrear a su alrededor un ambiente muy personal hecho de matices. Su carácter es más bien dependiente. Procure no titubear demasiado antes de tomar decisiones. Trate de llegar hasta el final de sus resoluciones.

Demasiado 2 indica que puede maquinar, dar vueltas a los problemas, refunfuñar, rezongar, si le hieren, pinchar, aunque sólo sea de forma verbal, y guardar rencor a quien le haya ofendido. Solitario, se volverá reservado y cascarrabias. Para usted la compañía es imprescindible. Demasiado 2 le hará pasar por un caprichoso y un metepatas, un ser posesivo y agresivo.

La armonía de 2 le empuja a sonreír, a ser el personaje más sociable y afectivo. Tiene un desarrollado sentido altruista; es sabio e inteligente (en armonía con el 9); vive plenamente su gestación (en armonía con el 3), y posee una gran paciencia. Sólo revelará sus secretos mejor guardados a una persona de toda confianza.

* El 3 representa la creatividad, la jovialidad, los contactos, los hijos y las artes. Una buena armonía de 3 le empuja a la franqueza. Es capaz de sufrir accesos de cólera, aunque al día siguiente los habrá olvidado.

Adaptable a todas las circunstancias de la vida, su ambición es razonable. Muy creativo, su carácter es más bien templado. Le gusta el contacto con sus congéneres.

Dedica tiempo a cuidar su aspecto físico, huye de la vulgaridad y se siente atraído por la estética, tanto corporal como intelectual.

Apasionado por la belleza y la elegancia de las formas, puede consagrarse a las artes y a las relaciones públicas. Inteligente, amigo del orden y la justicia, tiene un gran olfato para los negocios (en armonía con el 8) y atrae la suerte (en armonía con el 7).

Demasiado 3 indica una tendencia a molestarse con demasiada facilidad, una tranquilidad excesiva que roza el descaro.

El 3 negativo se vuelve excesivo, violento, no vacila en perjudicar a los demás para medrar, y entonces puede llegar hasta el desenfreno, la completa amoralidad y la vanidad.

- El 4 representa el trabajo, la familia, la actividad, la solidez, la firmeza y el equilibrio.

Si está en armonía de 4, su juicio será seguro y correcto. De naturaleza estudiosa y laboriosa, es discreto, práctico y materialista. Le gusta atrincherarse, pero, una vez vencida la desconfianza inicial, podrá establecer sólidas relaciones amistosas y sentimentales. Es solemne y reservado, franco en sus relaciones con los demás, pero a menudo torpe.

A usted, el personaje de la minuciosidad, los oficios de precisión le sientan de maravilla. Necesita actividad física. Posee espíritu de familia.

Demasiado 4 indica una propensión a las manías y lentitud a la hora de elegir, tomar decisiones y actuar. Cuidado con la avaricia.

- El 5 representa la libertad, el movimiento y la independencia. En efecto, es usted muy independiente y curioso. Su excelente memoria y sus facultades de elocución y redacción constituyen sus principales bazas. Se adapta a todas las circunstancias y puede salir airoso de cualquier situación ambigua yéndose por la tangente. Motor de cambios, es amante de la variedad y la novedad; se muestra voluble. No obstante, le conviene evitar el exceso de versatilidad (demasiado 5). Tiene dotes de diplomático y es un mediador nato, gracias, entre otras cualidades, a su gran persuasión.

Por analogía con los cinco sentidos, da una imagen de placer y voluptuosidad. Con un exceso de 5, caería en la lujuria y la anarquía sexual. Sería demasiado impulsivo y tendería a la dispersión en sus razonamientos y su forma de vivir.

En buena armonía, sabe mostrarse osado y valiente, y le gusta soñar con realizar grandes viajes.

- El 6 representa la belleza, los sentimientos, las responsabilidades y la perfección. Es usted dulce, encantador y sociable. Fiel y leal, se mantiene indeciso mucho tiempo a la hora de elegir pareja, pues busca a la persona ideal. Hipersensible y susceptible, sin demasiado 6 sabe recuperar el equilibrio. Evite calmar sus angustias con un exceso de glotonería.

En usted se observa una dualidad: tan pronto está triste como alegre. Necesita ser comprendido y apoyado. El refinamiento, la elegancia y la belleza lo convierten en un ser a veces seductor (si tiene demasiado 6) con excesos de coquetería y pasión.

Podría manifestar una necesidad excesiva de lujo, comodidad y consuelo, que de vez en cuando le empuje a ser infiel. Con un exceso de 6, debería superar un gran obstáculo: los celos y las ganas de aparentar.

- El 7 representa la fe, la inventiva y el dinero. En armonía de 7, su mente es curiosa e imaginativa. Huye de los caminos trillados y actúa como precursor. Siempre pensando en el futuro, renueva, mejora, avanza y experimenta.

Con demasiado 7, puede pasar por un personaje excéntrico. Independiente por naturaleza, debido a su necesidad de calma y reflexión, siente una inclinación natural por el altruismo. A menudo resulta distraído y despistado. Le gustan las ciencias y estudiar. Sería capaz de integrarse en la sociedad tomando la dirección de un pueblo o una comunidad.

Demasiado 7 indicaría tendencias fanáticas, revolucionarias e incluso anarquistas.

Sus relaciones se basan en simpatías intelectuales.

- El 8 representa la materialidad y el poder. Su vida es una lucha incesante por mantener el equilibrio. Gracias a su coraje y ardor alcanza el éxito en los negocios. Como posee sentido de lo concreto, quiere hacer realidad sus ideas, fines y objetivos en el menor plazo de tiempo posible. Entonces arrastra a su ritmo a quienes quieran seguirle. En general, es directo y franco, y tiene espíritu crítico. Lo quiere todo y ya. Vive por completo en el presente.

Da pruebas de gran tenacidad. Es el arquitecto de las grandes obras. Ambicioso, no acepta que le aparten de su camino o de su reflexión.

Demasiado 8 le haría intolerante, impulsivo, egocéntrico, irritable, sarcástico, celoso, a veces brutal, sin tacto.

El 8 es susceptible. Debido a un exceso de orgullo, es capaz de realizar actos ilícitos.

- El 9 representa el humanismo, el ocultismo y los estudios. En armonía de 9, tiene un carácter emotivo y sensible. Se siente muy atraído por la espiritualidad, el ocultismo y la investigación. Podría tener dotes excepcionales.

En un momento u otro de la vida, podría descubrir su misión, su vocación. Su tenacidad y aguante, que proceden de la concentración de las fuerzas de los tres ternarios, le ayudarán en su tarea.

Leal, apasionado, bastante inasequible e influenciable, evoluciona, pues las situaciones definitivas le angustian.

Utiliza la diplomacia con los demás. Es muy hospitalario. Sabe escuchar a los que le rodean y mostrarse generoso.

Cuando llega el momento adecuado, que espera con calma, sale con brusquedad de su reserva natural. Su inestabilidad se debe al gusto por el progreso lógico y a la influencia del ambiente. Por ello, puede pasar de un estado de ánimo a otro, ya que acusa tanto la desgracia como la felicidad ajenas. Posee un sexto sentido.

Demasiado 9 indica falta de energía, desequilibrios de orden psíquico, cierta tendencia a la autodestrucción. Entonces necesitará muchos y constantes testimonios de afecto e interés.

El 9 es un excelente humanista, filósofo o profesor.

Las pasiones

Las pasiones, pero también los excesos en los casos en que los coeficientes sean demasiado potentes con respecto a los demás del gráfico, son expresadas por los números que destacan en coeficiente superior en el gráfico de cocientes numéricos.

- *Ejemplo de mi gráfico*
El número 9 en coeficiente 4.
El número 5 en coeficiente 3.
El número 2 en coeficiente 3.

Las cualidades

Las cualidades son expresadas por los números que aparecen en el gráfico de cocientes numéricos. No obstante, para que estas cualidades no se conviertan en excesos, es necesario considerar los distintos coeficientes y observar si existe armonía.

Por ejemplo, en mi caso, mis coeficientes varían de 1 (para el número 7) a 4 (para el número 9), y poseo los coeficientes intermedios (2 y 3 para los números 2, 4 y 5). De este análisis, se deduce que se respeta cierta armonía, aunque con un ligero exceso del número 9, que hay que combatir.

- *Ejemplo*
1 en coeficiente 2.
2 en coeficiente 3.
4 en coeficiente 2.
5 en coeficiente 3.
7 en coeficiente 1.
9 en coeficiente 4.

Los defectos

Los defectos, o las carencias de números, son expresados por los números que faltan en el gráfico de cocientes numéricos.

Si tomamos como ejemplo mi caso, podemos observar la ausencia de los números 3, 6, 8...

www.ingramcontent.com/pod-product-compliance
Lightning Source LLC
Chambersburg PA
CBHW060210050426
42446CB00013B/3042